구원의 확신

나는 행복한 사람이로다

구원의 확신

나는 행복한 사람이로다

김성은 목사

베드로서원

들어가는 말

할렐루야!

찬송하리로다 하나님 곧 우리 주 예수 그리스도의 아버지께서 우리를 사랑하사 예수 그리스도로 말미암아 하나님의 아들이 되게 하셨도다.

우둔한 자로 지혜와 계시의 영으로 충만케 하사 하나님을 알게 하시고, 어두운 눈을 밝히사 그리스도 예수 안에 감추어진 하나님의 뜻의 비밀을 깨닫게 하신 하나님 아버지께 감사와 영광을 돌립니다.

일을 행하시는 하나님, 그것을 지어 성취하게 하시는 하나님께서 내 안에 작은 소원을 두고 하나님의 뜻을 행하게 하사, 마침내 이루게 하심을 감사드립니다.

죄인 구원은 하나님께서 창세 전에 그리스도 안에서 계획하신 하나님의 기쁘신 뜻입니다.

이 책은 새로운 것을 전하려고 하는 것이 아니라, 이미 잘 알고 있는 하나님의 구원에 대한 말씀을 정리하여 구원의 확신을 갖게 하고자 하는 데 있습니다.

구원의 확신을 갖는 것은 신앙생활의 마지막 단계가 아니라, 신앙생활의 첫 단계이자 이제 막 구원의 문으로 들어가서 신앙생활의 첫걸음을 내디딘 것입니다.

이 책이 아직 구원받지 못한 이들에게는 구원의 길잡이로, 구원의 확신이 없는 이들에게는 구원의 확신을 주는 디딤돌이 되기를 바랍니다.

구원의 확신은 우리에게 영원한 위로와 좋은 소망을 은혜로 주신 하나님께 감사하며, 주의 일에 더욱 힘쓰는 자들이 되게 할 것입니다. 이 책을 읽는 모든 이들이 구원의 확신을 가지고 하나님께서 위에서 부르신 부름의 상을 좇아 달려갈 수 있기를 바랍니다.

삼가 이 책을 하나님 아버지께 드립니다.

이 책을 통하여 하나님의 구원의 뜻이 이루어지며, 많은 구원의 열매를 맺음으로 하나님께 영광과 찬송이 되기를 바랍니다.

오래전에 구원의 복음이라는 제목으로 나올 뻔하였던 이 책을 이제 내놓을 수 있도록 허락하신 하나님께 감사드리며, 이 책이 나오기까지 사랑으로 수고해주신 베드로서원의 임직원들에게 감사의 말씀을 드립니다.

이 책을 읽는 모든 이들에게 하나님의 구원의 은혜가 임하여 모두가 구원받고, 모두가 구원의 확신을 갖는 행복한 사람들이 되시기를 바랍니다.

"이스라엘이여 너는 행복한 사람이로다 여호와의 구원을 너같이 얻은 백성이 누구냐"(신33:29)

2024. 10. 24

지은이 김 성 은

차 례

구원의 확신

제1장

구원의 확신을 가질 수 있는 근거

1. 마음의 느낌이나 생각을 의지하지 말라
2. 자신의 행위를 의지하지 말라
3. 구원받은 근거는 오직 하나님의 말씀뿐임

구원의 확신

"너희는 믿음 안에 있는가 너희 자신을 시험하고 너희 자신을 확증하라 예수 그리스도께서 너희 안에 계신 줄을 너희가 스스로 알지 못하느냐 그렇지 않으면 너희는 버림받은 자니라" (고후13:5).

성도에게 있어서 구원의 확신을 갖는 것보다 더 중요한 일은 아마도 없을 것이다. 구원에 대하여 확신이 없는 사람은 구원에 대하여 확실한 믿음이 없는 자이다.

구원에 대한 확실한 믿음이 없는 사람을 어찌 구원받았다고 할 수 있겠는가? 구원의 확신이 없는 자는 아직 구원받지 못한 자이다. 구원에 대하여 확신을 갖는 것과 구원에 대하여 지식적으로 아는 것과는 전혀 다르다.

오래전에 들었던 이런 예화가 있다.

어느 나이 많으신 목사님 한 분이 시골교회에 초청을 받아 부흥회를 인도하러 가셨다.

부흥회 마지막 날, 집회가 거의 끝나갈 무렵에 교인 한 명이 손을 들더니 목사님에게 질문을 하는 것이었다.

"목사님, 목사님은 돌아가시면 천국에 가신다는 확신이 있습니까?" 그랬더니, 잠시 머뭇하시던 할아버지 목사님은 "그걸 누가 아나? 죽어서 깨어봐야 알지"라고 답변하셨다.

정말 우리가 구원받아 천국에 가는 일은 죽었다가 깨어봐야 그때 가서 알 수 있는 것인가?

아니면, 지금 이 세상에서 우리가 살고 있는 현재 알 수 있는 일인가? 당신은 어떻게 알고, 어떻게 믿고 있습니까?

우리가 구원받았는지 구원받지 않았는지의 여부는 죽은 후에, 그때 가서 깨어봐야 알 수 있는 것이 결코 아니다.

지금 이 세상에 살면서 현재 내가 구원받은 자인지, 그렇지 않은지의 여부는 미쁘신 하나님의 말씀에 의하여 너무나 명백하고 확실하게 알 수 있다.

만약, 죽은 후에 그때 가서 자신이 구원받았는지 확인하려고 한다면, 그때는 이미 모든 것이 늦어버린 상태이다.

만일 죽은 후에 그때 가서 구원받지 못한 자라고 한다면, 그때는 어떻게 하겠는가? 그때는 이미 구원받을 수 있는 모든 기회가 다 지나가 버리고 사라져버린 뒤이다.

그때 가서 땅을 치며 통곡하고 슬피 울지라도, 그때는 이미 그에게 더 이상의 구원받을 수 있는 기회란 없다.

그러한 때늦은 후회를 하기 전에 내가 지금 구원받았는지 그렇지 않은지, 자신을 시험해보고 확증해야 한다.

그러면, 내가 구원받았다는 사실을 무엇으로 알 수 있는가?

우리가 구원받았다면 구원받은 확실한 증거가 있어야 한다.

구원받은 확실한 증거는 무엇인가?

또 내가 구원받았다는 근거는 어디에 있는가?

그 근거는 과연 믿을 만한 것인가?

구원의 확신을 갖는다는 말은, 우리가 예수님을 그리스도로 믿음으로 말미암아 죄와 사망에서 구원받아, 지금 죽어도 천국에 들어가리라는 확실한 믿음이 있는 것을 의미한다.

"당신은 구원받았습니까?"

"당신은 지금 죽어도 천국에 들어가리라 확신합니까?"

이러한 질문에 당신은 어떻게 대답하고 있는가?

확신을 가지고 분명하게 대답할 수 있는가?

아니면, 죽어서 천국 가는 일은 죽어봐야 알겠는가?

그러나 하나님은 현재 우리가 구원받았음을 스스로 확인할 수 있고 분명하게 알 수 있다고 하셨다.

그러면 누가, 어떻게 구원의 확신을 가질 수 있는가?

구원의 확신은 가지라고 해서 무조건 구원의 확신이 생기는 것이 아니다.

또한, 아무나 구원의 확신을 가질 수 있는 것도 아니다.

구원의 확신을 갖기 위해서는 내가 구원받았음을 확인할 수 있는 믿을만한 확실한 증거가 있어야 한다.

또한, 그 증거가 구원받은 확실한 증거라고 말해주는 믿을 수 있는 근거가 있어야 구원의 확신을 가질 수 있는 것이다. 이제부터 우리가 흔들리지 않는 구원의 확신을 갖기 위해서, 구원받은 확실한 증거와 구원의 확신을 가질 수 있는 근거에 대해서 살펴보기로 하자.

먼저 어디에 근거해서 구원의 확신을 가질 수 있는지, 구원의 확신을 가질 수 있는 근거에 대해서 알아보자.

제1장
구원의 확신을 가질 수 있는 근거

우리가 구원의 확신을 가질 수 있는 근거는 무엇인가?

어디에 근거해서 구원의 확신을 가질 수 있는가?

교회 다니는 많은 사람들이 아직도 구원의 확신을 갖지 못한 채 구원에 대하여 자주 흔들리는 경우가 많이 있다.

왜 예수님을 나의 구주로 믿는다고 하면서 자신이 구원받았음을 확신하지 못하는 것일까?

이는 구원의 확신을 가질 수 있는 근거가 잘못되었기 때문이다. 잘못된 근거에 의해서 구원의 확신을 가지려고 하기 때문에 구원의 확신을 갖지 못하는 것이다.

사람이 어떠한 일에 대하여 확신을 갖기 위해서는 반드시 그 사실에 대하여 믿을 수 있는 확실한 근거가 있어야 한다. 근거가 믿을 수 없는 것이라면, 거기에 근거해서 갖는 확신 자체가 헛되고 거짓된 것이다. 먼저 구원의 확신의 근거로 삼지 말아야 될 것부터 알아보자.

1. 마음의 느낌이나 생각을 의지하지 말라

많은 사람들이 자신의 느낌이나 생각에 의해서 구원을 확신하려고 한다. 그러나 구원에 대한 확신은 이러한 마음의 상태나 느낌에 의해서 갖는 것이 아니다. 우리 안에 있는 느낌이나 생각은 구원과는 전혀 상관이 없다.

우리에게 구원받은 것 같은 느낌이 있다고 해서 구원받은 것도 아니고, 그러한 느낌이 전혀 없다고 해서 구원받지 못한 것도 아니다. 우리가 구원받은 것을 확신할 수 있는 근거는 우리 안에 있는 느낌에 의해서가 아니다. 우리가 구원에 대하여 어떻게 느끼고 생각하든지 그것은 구원과는 전혀 상관이 없다. 구원과 상관이 없는 느낌이나 생각에 의해서 구원의 확신을 가지려고 하는 것은 어리석은 일이다. 구원받은 근거는 우리 안에 있는 주관적인 느낌이나 생각에 있는 것이 아니라 우리 밖에 있다. 우리 안에 있는 느낌이나 생각은 마음의 상태와 상황에 따라 자주 변하지만, 우리 밖에 있는 객관적인 근거는 영원히 변하지 않는다.

우리의 구원에 대한 영원히 변하지 않는 객관적인 근거는 바로 하나님의 말씀이다. 하나님의 말씀은 영원히 변하지 않고 항상 그대로 있다.

우리가 천국과 지옥이 있음을 어떻게 알게 되었는가?

우리가 천국과 지옥이 있다고 마음에 느끼거나 생각해서 천국과 지옥이 있는 것이 아니다. 우리의 느낌이나 생각과는 전혀 상관없이 하나님께서 천국과 지옥이 있다고 말씀하셨으면 말씀하신 그대로 있는 것이다. 하나님은 거짓말이나 식언치 아니하신다. 하나님은 우리가 믿을 수 있는 참되시고 신실하신 분이시다. 우리가 천국과 지옥이 있음을 믿는 것은 미쁘신 하나님의 말씀에 근거해서 믿는 것이지, 우리의 느낌이나 생각에 의해서 믿는 것이 아니다.

구원받은 자에게 나타나는 일시적인 구원의 기쁨이나 감격도 구원받은 근거는 되지 못한다.

구원의 기쁨이나 감격은 믿음에 의해서 나오는 것이지만, 이것 역시 감정적인 것이어서 오랫동안 지속되지 못한다. 어떤 사람에게는 구원의 기쁨이 비교적 오래 지속될 수도 있지만, 어떤 사람에게는 그 기쁨이 하루 이틀 만에 금방 사라질 수도 있다. 이러한 구원의 기쁨이 사라졌다고 해서 믿음으로 얻은 구원까지 함께 사라진 것은 아니다. 그러한 느낌이나 감정은 이미 얻은 구원에 대해서 아무런 영향을 주지 못한다. 이렇게 변하는 느낌이나 감정을 구원받은 근거로 삼을 때, 구원의 확신도 자주 변하고 흔들리게 되는 것이다. 그러므로 마음의 느낌이나 감정에 의해서 구원의 확신을 가지려고 해서는 안 된다.

2. 자신의 행위를 의지하지 말라

우리가 구원받은 것은 우리의 행한바 의로운 행위로 말미암은 것이 아니라, 오직 하나님의 은혜로 말미암은 것이다. 우리의 행위는 구원과는 전혀 상관이 없다. 그러므로 우리의 선한 행실이나 신앙 행위에 근거해서 구원의 확신을 가져서는 안 된다. 우리의 행위는 보상과 징계와 관련이 있는 것이지, 이미 얻은 구원과는 전혀 상관이 없다.

구원은 우리가 태어난 이후에 우리의 행위로 말미암은 것이 아니다. 하나님 앞에 행위로 의롭다 하심을 얻어 구원받을 사람은 아무도 없다.

만약, 사람이 그 행위로 의롭다 하심을 얻어 구원받을 수 있다면, 우리의 구원을 위한 그리스도의 대신 죽으심은 헛되이 죽으신 것이다. 또한, 하나님께서 우리의 구원을 위하여 행하신 모든 일들이 다 아무 소용이 없게 된다.

어찌 그러한 일이 있을 수 있겠는가?

그러한 일은 절대로 없다. 하나님은 우리를 우리의 행위를 따라 구원하신 것이 아니라, 하나님의 은혜로 구원하셨다.

우리의 행위는 선을 행하기보다 오히려 원치 아니하는 악을 행할 때가 훨씬 더 많다. 이러한 행위에 근거해서 구원의 확신을 가지려고 하기 때문에 구원의 확신이 자주 흔들리고 온전한 구원의 확신을 갖지 못하는 것이다. 우리가 행위로 구원받은 것이 아닌 것처럼, 믿음으로 얻은 구원을 행위로 지키고 유지하는 것도 아니다.

우리가 구원받은 이후에 잘못 행한다고 해서, 그것으로 인하여 구원이 취소되거나 구원을 잃어버리는 것이 아니다. 우리의 행위는 믿음으로 얻은 구원에 대하여 아무런 영향을 주지 못한다.

구원받은 이후의 잘못 행하는 것에 대해서는 징계를 받게 된다. 그렇다고 해서 구원을 잃어버리는 것은 아니다.

징계는 죄인들이 받는 죄의 형벌과는 근본적으로 다르다. 징계는 하나님의 자녀들만이 맞는 일시적인 사랑의 매이다. 하나님의 자녀가 아닌 사람들에게는 죄를 범하여도 이 땅에서 징계하지 않는다. 그들에게는 그 범한 죄에 대하여 영원한 형벌이 기다리고 있기 때문이다. 징계는 하나님의 자녀들이 그릇된 길을 걸어갈 때, 그 잘못을 깨닫게 하여 바른길을 걷게 하기 위하여 잠시 동안 일시적으로 때리는 사랑의 매이다. 이는 하나님의 자녀들로 하여금 세상과 함께 정죄함을 받지 않게 하기 위한 것이다(고전11:32).

우리가 행위로 구원받은 것이 아닌 것처럼 행위로 구원을 잃어버리는 일은 절대로 없다.

그러므로 구원과 상관이 없는 행위에 근거해서 구원의 확신을 가지려고 해서는 안 된다.

우리의 행위는 구원받음에 대한 증거도 아니고, 구원의 확신을 가질 수 있는 근거도 아니다.

그러면, 우리가 어디에 근거해서 구원의 확신을 가질 수 있는가?

이제 우리에게 구원의 확신을 주는 믿을 수 있는 근거에 대해서 알아보자.

3. 구원받은 근거는 오직 하나님의 말씀뿐임

우리가 구원의 확신을 갖기 위해서는 구원받았다는 확실한 근거가 있어야 한다. 구원받았다는 근거도 없이 확신을 갖는다는 것은 헛된 것이다.

우리가 구원받았음을 확신할 수 있는 믿을만한 근거는 무엇인가? 어디에 근거해서 구원의 확신을 가질 수 있는가? 그 근거는 오직 하나님의 말씀뿐이다. 왜 하나님의 말씀만이 우리가 구원받은 확실한 근거가 되는가?

그 이유는 두 가지이다.

첫째로, 하나님의 말씀은 우리가 믿을 수 있는 유일한 말씀이기 때문이다.

근거가 될 수 있는 첫 번째 조건은 바로 믿을 수 있는 것이어야 한다. 근거가 믿을 수 없는 것이라면, 거기에 근거해서 갖는 확신 자체가 믿을 수 없는 헛된 것이 된다.

왜 하나님의 말씀만이 우리가 믿을 수 있는 구원받은 유일한 근거가 되는가? 이는 믿을 수 있는 하나님께서 우리의 구원에 대하여 그렇게 말씀하셨기 때문이다.

하나님은 우리가 믿을 수 있는 유일하신 분이시다. 모든 만물은 다 거짓되되 하나님은 참되시고 미쁘신 분이시다.

하나님은 거짓말이나 식언치 아니하시는 신실하신 분이시다. 하나님은 또한 능치 못하심이 전혀 없는 전능하신 분이시다. 사람으로서는 할 수 없으되 하나님으로서는 모든 것을 다 하실 수 있다. 하나님은 이렇게 우리가 믿을 수 있는 신실하시고 전능하신 우리의 구원자이시다.

우리가 하나님의 말씀을 믿을 수 있는 것은 이러한 하나님을 믿기 때문이다. 하나님을 믿지 못한다면 당연히 하나님의 말씀도 믿을 수 없을 것이다. 하나님을 믿기 때문에 하나님께서 하신 말씀을 그대로 다 믿게 되는 것이다.

만일 하나님의 말씀이 아니라면, 우리가 어떻게 성경에 기록된 그 엄청난 사실들을 보지 않고 다 믿을 수 있겠는가? 성경은 하나님의 말씀이기 때문에 하나님의 말씀 하신 그대로 다 믿게 되는 것이다.

둘째로, 하나님의 말씀은 영원히 변함이 없기 때문이다.
구원의 확신을 가질 수 있는 두 번째 근거는 바로 영원히 변함이 없는 것이어야 한다.

만일 근거 자체가 변하거나 사라져 없어진다면, 거기에 근거해서 갖는 확신 자체가 허망 되고 일시적인 것이다.

근거는 영원히 변함없이 항상 그대로 존재하여야 한다.

믿음의 근거가 되는 근거 자체가 사라져 없어진다면 이것은 정말 큰 낭패이다. 이는 믿는 도끼에 발등 찍히는 정도가 아니라, 믿었던 도끼에 생명을 잃는 것과 같다.

근거는 절대로 변하거나 사라져 없어져서는 안 된다. 만일 근거가 없어진다면, 이는 믿었던 터가 무너지는 것과 같다. 근거는 영원히 변치 않고 항상 그대로 존재해야만 한다.

이러한 구원에 대한 믿음의 근거는 오직 하나님의 말씀 외에는 없다. 하나님의 말씀은 잠시 있다가 사라지거나 변하는 것이 결코 아니다.

하나님은 우리의 구원에 대한 말씀을 성경에 이미 다 기록하여 우리에게 주셨다. 성경에 기록하여 우리에게 주신 하나님의 말씀은 세세토록 변함이 없다(벧전1:25). 영원히 그 말씀 그대로 시행될 뿐이다. 우리는 영원히 변함없는 하나님의 말씀에 근거하여 구원의 확신을 갖는 것이다.

그러므로 우리가 구원의 확신을 가질 수 있는 유일한 근거는 우리의 느낌이나 행위가 아니라, 오직 하나님의 말씀뿐이다. 영원히 변함없는 하나님의 말씀에 근거하여 흔들리지 않는 구원의 확신을 갖기 바란다.

이제 우리에게 구원의 확신을 주는 하나님의 말씀에 대해서 알아보자.

제2장

구원의 확신을 주는
하나님의 말씀

제 2 장
구원의 확신을 주는 하나님의 말씀

1. 믿음으로 말미암아 구원을 받음

"너희는 그 은혜에 의하여 믿음으로 말미암아 구원을 받았으니 이것은 너희에게서 난 것이 아니요 하나님의 선물이라" (엡2:8).

우리는 이미 믿음으로 말미암아 구원을 받았다.

이것은 하나님의 말씀에 의하여 변하지 않는 사실이다.

하나님은 우리가 하나님의 은혜로 인하여 믿음으로 말미암아 구원을 받았다고 말씀하셨다. 그러므로 하나님의 말씀에 근거하여 예수께서 그리스도 이심을 믿는 사람들은 다 그 믿음으로 말미암아 이미 구원을 받은 것이다.

이제 하나님께서 우리를 위하여 이루어 놓으신 구원을 우리가 어떻게 받게 되는지 그 과정과 절차를 알아보자.

1) 하나님께서 은혜로 거저 주심 - 믿음으로 받음

하나님은 예수 그리스도를 통하여 우리를 위한 구원을 이미 다 이루어 놓으셨다. 그리고 누구든지 원하는 사람은 다 구원받을 수 있도록 구원받는 절차를 아주 간단하게 하셨다. 우리가 어떻게 구원을 받았는가?

우리가 구원받은 것은 우리의 행한바 의로운 행위로 말미암은 것이 아니다. 우리의 구원은 우리의 행위와는 전혀 상관없이 하나님의 긍휼하심을 따라 하나님의 은혜로 구원하신 것이다(딤후1:9, 딛3:5). 하나님은 예수 그리스도를 통하여 이루어 놓으신 우리의 구원을 우리에게 아무런 댓가도 요구하지 아니하시고 은혜로 거저 주신다.

은혜란 하나님께서 누구에게나 아무런 조건 없이, 값없이 거저 주시는 사랑의 선물이다(롬3:24, 엡1:6).

구원은 하나님께서 선물로 거저 주시는 것이다.

그러므로 구원받기를 원하는 사람은 누구든지 하나님께서 거저 주시는 구원을 다 받을 수 있다(계22:17).

어느 누구도 구원받지 못할 사람은 하나도 없다.

사람이 구원받는 데는 아무런 조건이 없다.

다만 간단한 절차만 있을 뿐이다.

그 절차는 어떤 행위나 조건이 아니라, 하나님께서 은혜로 거저 주시는 구원을 단순히 받아들이는 것이다.

하나님은 구원을 우리에게 선물로 주시고 우리는 받는다. 그러면 그것으로 끝이다.

그러면 우리가 하나님께서 주시는 구원을 받은 것이다.

그러므로 구원받기를 거절하는 사람을 제외하고는 누구든지 원하는 사람은 다 구원을 받을 수 있다.

손이 없는 자도 받을 수 있고, 발이 좀 불편한 사람도 있는 그 자리에서 편안하게 받을 수 있다. 이는 손으로 받는 것이 아니라, 마음으로 믿고 받아들이는 것이기 때문이다.

이렇게 하나님께서 은혜로 주시는 구원을 마음으로 받아들이는 것이 바로 믿음이다.

믿음은 구원받기 위한 조건이 아니라, 하나님께서 주시는 구원을 받아들이는 아주 간단한 절차이다.

구원받는 데는 조건이 있는 것이 아니다.

하나님께서 은혜로 주시는 구원을 그냥 받기만 하면 된다. 그러면 구원을 얻은 것이다. 그러므로 우리가 하나님의 은혜에 의하여 믿음으로 말미암아 구원을 받은 것이다.

그러면, 하나님은 예수 그리스도를 통하여 이루어 놓으신 구원을 우리에게 어떻게 전달해 주시는가?

하나님은 예수 그리스도를 통하여 이루어 놓으신 구원을 복음전파를 통하여 우리에게 거저 주신다. 누구든지 구원의 복음을 통하여 전해지는 구원의 사실을 믿고 받아들이기만 하면 구원을 받는다.

구원의 믿음이란 하나님께서 예수 그리스도를 통하여 이루어 놓으신 구원의 사실을 사실 그대로 믿고 받아들이는 것이다. 곧 예수님께서 우리를 구원하신 그 사실을 통하여, 예수님을 나의 구주 곧 그리스도로 믿고 마음에 영접하여 받아들이는 것이다. 예수님을 나의 구주로 영접하여 받아들이는 것이 바로 믿음이다.

그러므로 우리는 구원의 복음을 통하여 은혜로 거저 주시는 구원을 믿음으로 받아들임으로써 구원을 받은 것이다. 이렇게 우리가 하나님의 은혜로 인하여 믿음으로 말미암아 구원을 받았다.

2) 왜 하나님께서 죄인을 은혜로 구원하시는가?

첫째로, 이는 아무도 자신의 구원받은 것을 자랑하지 못하게 하기 위함이다.

"행위에서 난 것이 아니니 이는 누구든지 자랑하지 못하게 함이라"(엡2:9)

우리가 구원받은 것은 우리의 행위로 말미암은 것이 아니다. 행위로 하나님 앞에 의롭다 하심을 얻어 구원받을 사람은 아무도 없다(갈2:16, 롬3:20).

우리가 행위로 구원받은 것이 아니기 때문에 누구든지 자기의 행위를 내세워 구원받은 것을 자랑하지 못한다.

자신의 행위로 구원받을 수 있는 사람은 하나도 없다.

구원받기 이전의 모든 사람은 다 죄인들이다.

의인은 없나니 하나도 없으며 선을 행하는 자는 없나니 하나도 없도다(롬3:10, 12).

사람은 죄를 범함으로 죄의 종이 되었고 마귀에게 속한 자가 되었다(요8:34, 요일3:8,12). 그때부터 사람에게는 죄가 왕 노릇 하여 죄가 이끄는 대로 죄 가운데서 행하게 되었다. 그뿐만 아니라, 그때는 마귀에게 속하여 공중의 권세 잡은 자를 따라 육체와 마음의 원하는 것을 하여 본질상 진노의 자녀가 되어버렸다(엡2:1-3).

사람은 죄로 인하여 하나님과는 원수가 되었다.

하나님을 멀리 떠나 마음으로 하나님과 원수가 된 자들의 모든 행위는 하나님의 법에 굴복치 아니할 뿐만 아니라, 할 수도 없게 되었다(롬8:7). 이러한 사람들이 어찌 하나님 앞에 그 행위로 의롭다 하심을 얻어 구원받을 수 있겠는가?

그러므로 누구든지 자신의 행위를 내세워 구원받은 것을 자랑할 자는 아무도 없다.

둘째로, 하나님께서 죄인을 은혜로 구원하신 두 번째 이유는 하나님의 은혜의 영광을 찬송하게 하려는 것이다.
"이는 그의 사랑하시는 자 안에서 우리에게 거저 주시는바 그의 은혜의 영광을 찬송하게 하려는 것이라"(엡1:6).
하나님께서 우리를 구원하신 것은 우리의 행위대로 하심이 아니라, 오직 하나님의 뜻과 영원 전부터 그리스도 예수 안에서 우리에게 주신 은혜대로 하신 것이다(딤후1:9).
또한, 하나님의 긍휼하심을 따라 중생의 씻음과 성령의 새롭게 하심으로 우리를 구원하셨다(딛3:5). 우리가 구원받은 것은 우리의 행위로 말미암은 것이 아니라, 오직 하나님의 긍휼하심을 따라 하나님의 은혜로 된 것이다.
하나님께서 이렇게 우리를 오직 은혜로 구원하신 것은 우리에게 거저 주시는바 하나님의 은혜의 영광을 영원히 찬송하게 하려는 것이다.
그러므로 하나님의 은혜로 구원받은 자는 마땅히 하나님의 은혜의 영광을 영원토록 찬양하여야 한다.

이제 구원에 대하여 구체적인 내용을 하나씩 살펴보자.

2. 믿는 자마다 죄 사함을 받음

"그에 대하여 모든 선지자도 증언하되 그를 믿는 사람들이 다 그 이름을 힘입어 죄 사함을 받는다 하였느니라" (행10:43).

하나님의 말씀에 근거하여 예수 그리스도를 믿는 사람들은 이미 다 죄 사함을 받았다. 죄 사함이란 무엇인가?
죄 사함이란 사람이 하나님께 범한 죄에 대하여 죄의 값, 곧 죄의 형벌을 다 받고 끝마침으로써 속죄하여 하나님께로부터 정당하게 죄 용서함을 받는 것을 의미한다.
그러면, 사람이 하나님께 지은 죄를 어떻게 사함 받을 수 있는지 알아보자.

1) 속죄를 통한 죄 사함

(1) 죄를 사함 받기 위해서는 반드시 속죄해야 함

"…이같이 제사장이 그가 범한 죄에 대하여 그를 위하여 속죄한즉 그가 사함을 받으리라" (레4:35).

하나님께 지은 죄를 사함 받기 위해서는 반드시 그 죄값을 다 받음으로써 속죄해야 한다. 속죄하지 아니한 죄는 사함을 받을 수 없고 그 죄의 형벌에서도 벗어날 수 없다.

그러면 속죄란 무엇인가?

속죄란, 죄의 값 곧 죄의 형벌을 기꺼이 다 받는 것을 의미한다. 좀 더 구체적으로 말하면, 속죄란 범죄한 죄에 대하여 죄의 값을 다 받고 끝마침으로써 죄를 제거하고 죄를 없이하는 것이다. 지은 죄는 반드시 속죄해야 그 죄가 속하여져서 사함을 받을 수 있게 된다.

"제사장은 그 부지중에 범죄한 사람이 부지중에 여호와 앞에 범한 죄를 위하여 속죄하여 그 죄를 속할지니 그리하면 사함을 얻으리라"(민15:28).

하나님께 지은 죄는 반드시 죄 값을 다 받고 끝마침으로써 속죄해야, 그 죄가 속하여져서 하나님께로부터 사함을 받을 수 있게 된다.

"속하다"는 말은 덮어버리다, 가리우다, 제거하다, 라는 뜻이 있다. 지은 죄는 속죄해야 그 죄가 제거되고 없어져서 사함을 받을 수 있게 되는 것이다.

　죄의 삯은 사망이다(롬6:23).
그러므로 속죄란 하나님께 범한 죄를 사함 받기 위하여 죄의 값을 받아 피 흘려 죽는 것을 의미한다.
바꾸어 말하면, 피 흘려 죽었다는 말은 죄 값을 받아 속죄하였음을 뜻하는 것이다. 속죄하지 아니한 죄는 그 죄가 없어지지 아니하고 여전히 남아 있기 때문에 그 죄에서 사함 받을 수 없다. 지은 죄에서 사함 받기 위해서는 반드시 죄 값을 받음으로써 속죄해야 한다.

"속죄하였다"는 말은 죄 값을 다 받고 끝마쳤다는 뜻이다. 그러므로 속죄한 죄는 그 죄가 제거되고 없어졌기 때문에 그 죄에서 사함 받게 되는 것이다.

속죄하지 아니한 죄는 결코 사함 받지 못한다. 지은 죄에 대해서는 반드시 죄의 값, 곧 죄의 형벌을 다 받음으로써 속죄해야 죄가 속하여져서 사함 받을 수 있게 되는 것이다.

"피 흘림이 없은즉 사함이 없느니라"(히9:22).

왜 피 흘림이 없은즉 사함이 없는가?

육체의 생명은 피에 있기 때문에 피는 생명과 일체요, 피는 곧 생명을 뜻하는 것이다(레17:11, 14). 그러므로 피 흘림은 생명이 끊어진 상태 곧 육체의 죽음을 의미한다.

죄의 값은 사망 곧 죽음이다.

피 흘림은 죄의 값을 받아 죽었음을 뜻한다.

죄 값을 받아 죽었다는 것은 곧 죄 값을 받아 속죄하였음을 뜻하는 것이다. 그러므로 피 흘림은 죄 값을 받아 속죄하였음을 뜻하는 것이기 때문에, 그 속죄의 피가 죄를 속하여 죄에서 사함 받게 되는 것이다(레17:11).

피 흘리는 속죄의 죽음이 없이는 결코 사함도 없다.

피 흘리는 속죄의 죽음을 통하여 죄가 속하여져서 죄에서 사함 받게 되는 것이다.

하나님께서 속죄의 피를 보시고 우리 죄를 사하시는 이유가 바로 여기에 있다. 대제사장이 백성의 죄를 속하기 위하여 1년에 단 한번 속죄의 피를 가지고 지성소에 들어가, 속죄소 위와 속죄소 앞에 피를 뿌린다.

이렇게 하는 이유는 "죄를 지은 자가 자기의 죄 값을 받아 이같이 죽었습니다"라는 것을 하나님께 보이는 것이다.

그리할 때, 하나님께서 그 속죄의 피를 보시고 그 지은 죄를 사하여 주시는 것이다. 피 흘림은 죄 값을 받아 죽음으로써 속죄하였음을 뜻하는 것이기 때문에, 그 피가 죄를 속하여 죄에서 사함 받게 되는 것이다.

그러므로 죄 사함은 속죄의 피가 죄를 속하였기 때문에 주어지는 당연한 결과이다.

피 흘림이 없으면 사함이 없는 것처럼, 속죄함이 없으면 결코 사함이 없다. 이 둘은 완전히 똑같은 뜻이다.

그러므로 지은 죄에 대해서는 반드시 죄 값을 받아 피 흘려 죽음으로써 속죄해야, 죄가 속하여져서 그 죄에서 사함을 받게 되는 것이다(민15:28).

(2) 속죄의 두 가지 방법

죄인이 자신이 지은 죄를 속죄하여 사함 받을 수 있는 길은 두 가지가 있다.

① 직접 속죄

직접 속죄는 죄를 범한 죄인이 자기가 지은 죄에 대하여 자신이 직접 죄 값을 받음으로써 속죄하여 죄에서 사함을 받는 것이다. 이것은 정당하고 의로운 죄 사함의 방법이다. 죄의 값이란 무엇인가?

죄의 값은 보편적으로 죄를 지은 것만큼의 동일한 형벌을 받는 것이다. 눈은 눈으로, 이는 이로, 생명은 생명으로 갚는 것이 율법에서 정한 보편적인 죄의 값이다. 그러나 어떠한 죄는 5분의 1을 더하여 갚는 것도 있고, 또 어떤 죄는 4배로 갚아야 그 죄가 속하여져서 사함을 받는 것도 있다 (눅19:8, 출22:1). 모든 죄는 반드시 죄 값을 받아야 죄가 제거되고 없어져서 그 죄에서 사함 받게 되는 것이다.

만약, 자신이 지은 죄 값이 10년 정도의 형벌이라면, 10년간 감옥살이를 하며 죄 값을 다 받고 속죄함으로써, 지은 죄에서 사함 받아 죄의 형벌에서 벗어날 수 있을 것이다. 그러나 하나님께 지은 죄의 값은 10년이나 20년 정도의 형벌로 끝나는 것이 아니다. 죄의 삯은 사망이다.

죄인이 자신의 지은 죄 값을 자신이 직접 받을 수 있는 정도의 적은 형량의 죄 값이라면, 죄인 자신이 직접 죄 값을 받아 속죄함으로써 죄를 없이하여, 죄에서 사함 받을 수 있을 것이다. 그러나 죄의 삯은 사망이다.

죄의 형벌을 10년 정도 받고 끝나는 것이 아니라 죄의 형벌은 영원한 멸망의 죽음의 형벌이다(살후1:9).

죄인이 자신의 죄 값을 자신이 직접 받아 속죄할 경우, 죄 값을 받아 죽어야 하기 때문에 죄의 형벌에서 구원받을 수 없게 된다. 이는 자신의 죄 값인 사망 형벌을 지옥에서 영원히 받아야 하기 때문이다.

그 죄의 형벌이 영원히 지속되는 동안에는 죄에서 사함 받을 수도 없고, 영원한 멸망의 형벌에서 벗어나 구원받을 수도 없다. 그러므로 자신의 죄 값을 자신이 직접 받는 직접 속죄로는 자신의 죄와 죄의 형벌인 사망에서 벗어나 구원받을 수 없는 것이다.

그러면 우리가 어떻게 우리의 죄에서 사함 받고, 죄의 형벌인 사망에서 벗어나 구원받을 수 있는가?

② 대속물을 통한 대신 속죄

죄인이 자신의 지은 죄에서 사함 받을 수 있는 유일한 길은 무엇인가?   그것은 자신의 죄 값을 자신이 직접 받는 직접 속죄가 아니라, 내 대신 대속물을 통하여 나의 죄 값을 대신 받게 하는 대신 속죄이다.

대신 속죄란, 죄 없는 대속자가 내 대신 나의 죄 값을 받아 죽음으로써, 나의 죄를 속죄하여 내가 죄에서 사함 받게 되는 것이다.   죄인이 이 방법 외에 자신의 죄 값인 사망 형벌에서 벗어나 구원받을 수 있는 길이 어디 있겠는가?

대신 속죄는 내 죄에 대한 죄 값을 내가 직접 받는 것이 아니라, 대속물을 통하여 나의 죄 값을 대신 받게 함으로써 속죄하는 것이다.

죄는 내가 지었는데 내 죄에 대한 형벌을 대속물을 통하여 대신 받게 하는 것이다.   대속물은 죄를 지은 사람의 죄를 대신 짊어져야 하기 때문에 자기의 죄가 전혀 없는 흠 없고 정결한 완전한 제물이어야 한다(레4:28, 32).

나를 대신한 대속물을 통하여 나의 죄를 대신 속죄함으로써, 죄 없이함을 얻어 죄에서 사함 받고 죄의 형벌인 사망에서 구원받게 되는 것이다.

하나님은 이처럼 우리에게 대신 속죄를 통하여 죄에서 사함 받을 수 있는 길을 우리에게 열어 주셨다.

그러면, 이제 우리가 실제로 어떻게 우리 죄에서 사함 받게 되었는지 알아보자.

2) 그리스도를 통한 대신 속죄

이제 우리의 지은 모든 죄에서 사함 받고 죄의 형벌인 사망에서 구원받는 유일한 길은 대속물을 통한 대신 속죄뿐임을 보았다. 그러면 하나님은 누구를 통하여 우리를 죄에서 사함 받고 죄의 형벌인 사망에서 구원받게 하셨는가?

(1) 하나님께서 그의 아들을 우리의 대속물로 보내주심

"인자가 온 것은 섬김을 받으려 함이 아니라 도리어 섬기려 하고 자기 목숨을 많은 사람의 대속물로 주려 함이니라" (마 20:28).

하나님은 우리를 우리 죄에서 구원하시기 위하여 그의 아들을 대속물로 보내주셨다. 하나님은 우리를 죄와 사망에서 구원하시기 위하여 하나님의 아들을 우리 죄를 위한 속죄의 어린 양으로 보내주신 것이다(요1:29).

① 하나님의 아들이 사람이 되어 이 땅에 오심

하나님의 아들이신 예수님은 근본 하나님의 본체시며 독생하신 하나님이시다(요1:14, 18, 빌2:6-8). 예수님은 본래 죽을 수 없는 영생하시는 하나님이시다(요일5:20). 이러한 하나님의 아들이 어떻게 우리 죄를 위한 대속물이 될 수 있는가? 사람의 죄를 대신 담당할 대속물은, 우리의 죄 값을 대신 받아 죽을 수 있는 육체를 가진 사람이어야 한다. 우리 대신 죄 값을 받아 죽을 수 없다면, 우리의 대속물은 될 수 없다. 그러므로 하나님의 아들이신 예수님께서 우리의 대속물이 되시기 위하여 육신의 몸을 입고 사람이 되어 이 땅에 오신 것이다. 만약 예수님께서 사람이 되지 아니하셨다면, 우리 대신 죄 값을 받아 죽을 수도 없고 우리의 죄를 위한 대속물도 될 수가 없다. 예수님께서 육신의 몸을 입고 사람이 되어 이 땅에 오신 이유는, 그 육신에 죄를 정하사 우리의 죄를 다 짊어지시고 우리 죄의 형벌을 우리 대신 받아 죽으시기 위함이다(롬8:3, 사53:6).

예수님께서 우리 대신 우리의 모든 죄를 다 담당하시고 우리의 죄 값을 받아 우리 대신 죽기 위해서는 반드시 사람이 되어야만 한다.

그러므로 독생하신 하나님께서 우리의 죄를 위한 대속물이 되시기 위하여 사람이 되어 이 땅에 오신 것이다.

② 예수님께서 죄 없는 의인으로 오심

"그가 우리 죄를 없애려고 나타나신 것을 너희가 아나니 그에게는 죄가 없느니라" (요일3:5).

예수님은 우리 죄를 친히 담당하시기 위하여 죄 없는 의인으로 오셨다(벧전3:18). 죄인의 대속물은 죄인의 죄를 대신 담당하고 죽어야 하기 때문에 반드시 자기 죄가 없는 완전한 의인이어야 한다(고후5:21).

죄인은 자기의 죄 값으로 자기가 죽어야 하기 때문에 다른 사람의 죄를 대신 담당하고 죽을 수가 없다.

이 세상의 모든 사람은 다 죄인이다.

어느 누구도 우리의 죄를 대신 담당하고 우리의 죄 값을 우리 대신 받아 죽을 수 있는 대속물은 되지 못한다.

그러면, 우리의 대속물이 될 수 있는 죄 없는 의인은 정녕 하나도 없는가? 있다. 오직 한 분이 계시다.

그분이 바로 삼위일체 하나님이시다.

하나님 아버지가 죄가 없으시고, 하나님의 아들이 죄가 없으시며, 하나님의 영이신 성령님이 죄가 없으시다. 하나님 외에 본질적으로 죄가 전혀 없는 분이 또 누가 있겠는가?

그러므로 우리의 대속물이 될 수 있는 유일한 분도 오직 하나님 한 분뿐이시다. 하나님만이 스스로 우리의 대속물이 되어 우리 대신 우리의 죄 값을 받으심으로, 우리를 우리의 죄 값인 죽음에서 구원하실 수 있는 유일하신 분이시다.

이러한 형편을 아시는 하나님께서 죄 범한 우리를 구원하시기 위하여, 우리 대신 우리의 죄 값을 받으시기를 마다하지 아니하시고 스스로 우리의 대속물이 되시기를 자처하셨다. 그래서 죄 없으신 하나님이 우리의 죄 값을 우리 대신 받으시기 위하여 인간의 몸을 입고 우리의 대속물로 이 세상에 오신 것이다. 그분이 바로 우리를 우리 죄에서 구원하시기 위해 오신 하나님의 아들 예수 그리스도이시다.

예수님은 우리 죄를 위한 대속물이 되시기 위하여 원죄와 전혀 상관없이 동정녀 마리아의 몸에서 성령으로 잉태되어 이 땅에 오셨다(마1:18, 눅1:35). 예수님은 이 땅에 계시면서 우리와 같이 시험을 받으신 분이로되, 죄를 범하지 아니하시고 죄가 없는 완전하신 의인이시다(히4:15).

이로써 예수님은 우리 죄를 담당하실 대속물로서 완전한 자격을 갖추신 것이다.

(2) 우리 죄를 담당하신 예수님

"친히 나무에 달려 그 몸으로 우리 죄를 담당하셨으니" (벧전2:24).

이렇게 예수님은 우리 죄를 위한 완전한 대속물로서 우리의 죄를 대신 담당하셨다. 예수님께서 우리를 우리 죄와 죄의 형벌인 사망에서 구원하시기 위하여 우리 죄를 다 담당하시고 우리 대신 죄인이 되신 것이다(사53:6).

죄를 알지도 못하신 자로 우리를 대신하여 죄를 삼으신 것은 우리의 죄 값을 우리 대신 받아 죽으심으로, 우리를 죄에서 사함 받게 하시고 죄의 형벌인 사망에서 구원하시기 위함이다(고후5:21). 이렇게 예수님은 우리 죄를 위한 대속물로서 우리의 죄를 다 담당하셨다.

(3) 그리스도의 피로 영원한 속죄를 이루심

① 그리스도의 대신 속죄로 우리가 죄 사함을 받음

"염소와 송아지의 피로 하지 아니하고 오직 자기의 피로 영원한 속죄를 이루사 단번에 성소에 들어가셨느니라" (히9:12)

예수님은 마침내 우리 죄를 다 담당하시고 우리의 죄 값을 우리 대신 받아 피 흘려 죽으심으로, 그의 피로 영원한 속죄를 이루어 우리를 죄에서 사함 받게 하셨다. 그리스도의 죽으심은 그리스도 자신의 죄 값으로 인한 죽음이 아니다. 그리스도의 죽으심은 우리 죄를 속하기 위한 대신 속죄의 죽음이다. 그리스도의 대신 속죄는 나의 죄 값으로 말미암아 나의 죽음을 내 대신 죽으신 것이다.

죄는 내가 지었지만 내 죄에 대한 죄의 형벌을 그리스도께서 대신 받으심으로 내 죄를 속죄한 것이다.

이것이 바로 그리스도를 통한 대신 속죄이다. 속죄한 죄는 죄가 제거되고 없어져서 죄에서 사함 받게 된다(민15:28).

우리는 우리 죄를 위한 그리스도의 대신 속죄를 통하여 우리의 죄 값을 다 받고 끝마침으로써 속죄한 것이다.

속죄하지 아니한 죄는 결코 사함 받지 못한다.
우리는 그리스도 안에서 그리스도를 통하여 우리 죄를 속죄함으로써, 죄를 속하여 죄에서 사함 받게 되었다.
우리는 우리 죄를 위한 그리스도의 대신 속죄를 통하여 우리의 죄 값을 다 받고 속죄한 것이다.
이렇게 우리는 그리스도를 통하여 우리의 죄 값을 다 받고 속죄함으로써 죄에서 사함 받은 것이지, 죄의 형벌을 받지도 아니하고 죄에서 사함 받은 것이 결코 아니다.
그러므로 그리스도 안에 있는 자는 죄로 인하여 다시 정죄 받지 아니하고 죄의 형벌을 다시 받지 아니한다.
이제 우리는 그리스도의 영원한 대신 속죄를 통하여 우리의 죄가 영원히 사함 받게 된 것이다.

② 죄를 위하여 다시 제사드릴 필요가 없음

"이것들을 사하셨은즉 다시 죄를 위하여 제사드릴 것이 없느니라" (히10:18).

그리스도를 통하여 우리가 죄에서 사함 받게 되었다는 것은 그리스도의 속죄제사가 완전하여 하나님께서 그 제사를 기쁘게 받으셨음을 뜻하는 것이다. 이렇게 그리스도의 한 영원한 제사로 말미암아 영원한 속죄가 이루어지게 되었다. 이제 우리를 대신한 그리스도의 영원한 속죄로 말미암아 우리의 모든 죄가 영원히 사함 받게 된 것이다.

이는 그리스도의 제사가 영원할 뿐만 아니라, 그 속죄의 효력이 영원함을 의미하는 것이다.

그러므로 우리를 대신한 그리스도의 영원한 속죄로 말미암아 죄에서 사함 받은 자는 다시 죄를 위하여 제사드릴 필요가 없다. 이는 그리스도의 피로 영원한 속죄가 이루어져 우리의 죄가 영원히 사함 받았기 때문이다(히9:12). 이제 우리의 죄는 그리스도의 영원한 속죄로 말미암아 사해지고, 죄의 흔적조차 깨끗이 씻어져 없어졌다(히9:14, 22).

곧 그리스도의 피가 우리를 죄에서 정결케 하여 거룩하게 하였다. 그러므로 우리는 그리스도의 영원한 속죄로 말미암아, 죄로 인하여 다시 정죄 받거나 죄의 형벌을 다시 받지 아니한다. 이는 우리가 그리스도 안에서 그리스도와 함께 그리스도를 통하여 우리의 죄 값을 우리가 이미 다 받고 끝마쳤기 때문이다.

만약 우리가 우리 죄에 대한 형벌을 다시 받아야 한다면, 그리스도께서 우리를 대신하여 받으신 속죄의 죽음은 헛된 것이 될 것이다. 어찌 그 같은 일이 있을 수 있겠는가?

③ 그리스도의 영원한 속죄로 영원히 온전케 됨

"저가 한 제물로 거룩하게 된 자들을 영원히 온전케 하셨느 니라"(히10:14).

하나님은 그리스도의 피로 정결케 되어 거룩하게 된 자들을 영원히 온전케 하셨다. 온전케 하셨다는 말은, 그리스도의 속죄의 피로 우리를 정결케 하여 거룩하고 흠이 없는 하나님의 자녀가 되게 하셨다는 뜻이다.

이는 우리를 예수 그리스도로 말미암아 하나님의 아들들이 되게 하시고, 그 앞에 거룩하고 흠이 없게 하시려는 하나님의 뜻이 마침내 그리스도의 구속으로 말미암아 온전히 성취된 것이다(엡1:4-5). 이제 우리는 그리스도의 영원한 속죄로 말미암아 거룩하고 온전하게 되어, 예수 그리스도를 힘입어 온전한 믿음으로 하나님께 나아가 살아계신 하나님을 섬길 수 있게 되었다(히9:14, 10:22).

3) 죄인이 어떻게 죄에서 사함 받을 수 있는가?

(1) 예수께서 그리스도이심을 믿음으로 죄 사함을 받음

"그에 대하여 모든 선지자도 증언하되 그를 믿는 사람들이 다 그 이름을 힘입어 죄 사함을 받는다 하였느니라"(행10:43).

우리는 우리의 죄 값을 우리 자신이 직접 다 받음으로써 속죄하여 죄에서 사함 받은 것이 결코 아니다.

우리는 우리 죄를 대신 담당하신 그리스도의 대신 속죄를 통하여 우리의 죄를 속죄하여 죄에서 사함 받을 수 있게 된 것이다. 우리 죄를 위한 속죄는 그리스도의 대신 속죄를 통하여 영원히 이루어졌다.

그러나 그리스도의 대신 속죄를 통하여 모든 사람이 저절로 다 죄에서 사함 받고 구원받는 것은 절대로 아니다.

우리가 실제로 우리 죄에서 사함 받고 구원받기 위해서는 가장 중요한 절차가 한 가지 남아있다.

그것이 바로 하나님께서 은혜로 거저 주시는 구원을 내 것으로 받아들이는 믿음이다.

믿음은, 나를 위한 그리스도의 대신 속죄의 사실을 사실 그대로 믿고 받아들이는 것이다.

예수님은 우리 죄를 대신 속죄하심으로써, 우리를 죄에서 사함 받게 하시고 죄의 형벌인 사망에서 구원받게 하셨다. 이러한 그리스도의 대신 속죄의 사실을 믿음으로 받아들일 때, 그리스도께서 우리를 대신하여 이루신 영원한 속죄의 사실이 내게 그대로 적용되어 실상으로 이루어짐으로, 그리스도를 통하여 내가 실제로 죄에서 사함 받게 되는 것이다.

　예수님은 우리 죄를 대신 속죄하심으로써, 우리를 죄와

죄의 형벌인 사망에서 구원하신 구주가 되셨다.

이제 누구든지 우리를 대신한 예수님의 영원한 속죄 사실에 근거하여 예수님을 나의 구주, 곧 그리스도로 믿음으로 말미암아 죄에서 사함 받고 구원받게 된다.

믿음은 예수님께서 우리를 위하여 이루신 구원의 사실을 사실 그대로 받아들임으로써, 예수님을 나의 구주 곧 그리스도로 믿고 마음에 영접하는 것이다.

그리할 때, 그리스도께서 우리를 위하여 이루어 놓으신 구원의 사실이, 우리에게 그대로 적용되어 실상으로 이루어짐으로 그리스도를 통하여 우리가 구원을 받게 되는 것이다.

당신은 예수님을 하나님의 아들로 믿을 뿐만 아니라, 나를 죄와 사망에서 구원하신 나의 구주 곧 그리스도로 확실히 믿습니까?

그렇다면, 당신은 죄에서 사함 받은 구원받은 자이다.

확실히 믿기 바란다.

3. 믿는 자마다 의롭다 하심을 얻음

" 또 모세의 율법으로 너희가 의롭다 하심을 얻지 못하던 모든 일에도 이 사람을 힘입어 믿는 자마다 의롭다 하심을 얻는 이것이라" (행13:39).

예수 그리스도를 믿는 자마다 그 믿음으로 말미암아 의롭다 하심을 얻는다 하셨다(갈2:16, 3:24).
사람이 하나님 앞에 의롭다 하심을 얻는 것은 믿음으로 되는 것이지, 행위로 얻는 것이 아니다.

1) 율법의 행위로는 의롭다 하심을 얻을 사람이 없음

"그러므로 율법의 행위로 그의 앞에 의롭다 하심을 얻을 육체가 없나니 율법으로는 죄를 깨달음이니라" (롬3:20).

율법에 따르면 의의 기준은 바로 율법이다.
하나님께서 주신 율법 자체는 거룩하고 의로우며 선한 법이다(롬7:12). 사람이 율법을 다 지킬 수만 있다면, 그 행위로 의롭다 하심을 얻을 수 있다(롬2:13).
율법을 지키는 것이 의요, 율법을 범하는 것이 범죄이다.
하나님의 말씀을 지켜 행하는 것이 곧 너희의 의로움이라

하였다(신6:25). 율법을 지킴으로 그 행위로 의를 행하는 사람은 그 의로 인하여 살 수 있다(레18:5, 롬10:5).

그러나 율법을 범할 경우에는 율법에 의하여 정죄를 받고 율법의 저주를 받아 죽는다(신27:26). 율법을 지키면 복을 받고 생명을 얻지만, 지키지 못할 경우에는 저주를 받는다. "누구든지 율법 책에 기록된 대로 모든 일을 항상 행하지 아니하는 자는 저주 아래 있는 자라 하였음이라"(갈3:10). 율법을 행하는 자는 그 행위로 말미암아 의롭다 함을 얻고 그 의로 인하여 살 수 있지만, 율법대로 모든 일을 항상 행하지 아니하는 자는 율법의 저주를 받아 죽는다.

어느 누가 율법을 다 지킴으로 그 행위로서 의롭다 함을 얻을 수 있겠는가? 사람은 연약하여 율법을 다 지킴으로 그 행위로 의롭다 함을 얻어 그 의로 인하여 살 수 있는 사람은 하나도 없다(갈2:16, 눅10:28).

만약 어떤 사람이 율법의 행위로 의롭다 하심을 얻을 수 있다고 생각한다면, 그는 사람의 상태에 대해서 잘 모르는 사람이다. 구원받기 이전의 모든 사람은 다 죄인들이다.

사람은 태어나면서부터 죄성을 가지고 태어난다.

의인은 없나니 하나도 없으며 선을 행하는 자는 없나니 하나도 없도다(롬3:10, 12). 사람은 죄를 범함으로 죄의 종이 되었고 마귀에게 속한 자가 되었다(요8:34, 요일3:8,12).

그때부터 사람에게는 죄가 왕 노릇 하여 죄가 이끄는 데로 죄 가운데서 행하게 되었다.

그뿐만 아니라, 그때는 마귀에게 속하여 공중의 권세 잡은 자를 따라 육체와 마음의 원하는 것을 하여 본질상 진노의 자녀가 되어버렸다(엡2:1-3).

가인이 그 아우 아벨을 향하여 시기와 분노와 미움으로 가득하여 그 아우 아벨을 죽인 것도, 마귀에게 속하여 마귀를 따라 행하였기 때문이다(요일3:12).

사람은 죄로 인하여 하나님과는 원수가 되었다.

하나님을 떠나 하나님과 원수 된 자들의 모든 행위는 하나님의 법에 굴복하지 아니할 뿐만 아니라, 할 수도 없는 자들이다(롬8:7). 이러한 사람들이 어찌 하나님의 율법을 지킴으로 그 행위로서 의롭다 하심을 얻을 수 있겠는가?

우리는 근본적으로 율법을 지킬 수 없는 죄인들이다.

죄로 인하여 마귀에게 속하여 죄의 종이 된 사람이 어찌 하나님의 선한 율법을 다 지킬 수 있겠는가?

그러므로 죄인은 율법을 지킬 수도 없고, 율법의 행위로 하나님 앞에 의롭다 하심을 얻을 수도 없다.

2) 그리스도의 구속으로 말미암아 의롭다 하심을 얻음

"그리스도 예수 안에 있는 구속으로 말미암아 하나님의 은혜로 값없이 의롭다 하심을 얻은 자 되었느니라"(롬3:24).

우리가 율법의 행위로 의롭다 하심을 얻을 수 없다면, 어떻게 하나님 앞에서 의롭다 하심을 얻을 수 있는가?

우리가 하나님 앞에 의롭다 하심을 얻은 것은 율법의 행위로 말미암은 것이 아니라, 그리스도의 구속으로 말미암은 것이다. 율법의 행위로는 하나님 앞에 의롭다 하심을 얻을 사람이 아무도 없다. 만일 우리가 율법으로 말미암아 의롭다 함을 얻은 것이라면, 그리스도께서는 헛되이 죽으신 것이다(갈2:21). 어찌 그러한 일이 있을 수 있겠는가?

죄인이 하나님께 의롭다 하심을 얻기 위해서는 먼저 우리가 하나님께 지은 죄를 속죄하여 죄 사함을 받아야 한다. 죄가 있는 상태에서는 절대로 의롭다 하심을 얻을 수 없다. 우리가 어떻게 하나님께로부터 죄 사함을 받았는가?

그것은 우리의 행위로서가 아닌 그리스도의 구속으로 말미암은 것이다.

우리는 그리스도의 대신 속죄를 통하여 우리의 죄 값을 다 받고 끝마침으로써, 죄를 없이하여 죄에서 사함 받았다.

곧 그리스도의 구속으로 말미암아 우리 죄에서 사함 받은 것이다(엡1:7).

그러므로 그리스도의 구속하심이 바로 우리가 하나님께로부터 의롭다 하심을 얻을 수 있는 근거가 되는 것이다.

우리는 여기에 근거해서 하나님께 의롭다 하심을 얻었다.

속죄하지 아니한 죄는 죄가 그대로 남아있기 때문에 그 죄에서 사함 받을 수가 없다.

하나님께 지은 죄를 사함 받기 위해서는 반드시 속죄해야 한다. 우리는 그리스도의 대신 속죄를 통하여 우리의 죄를 속죄하였다. 우리가 하나님께 지은 죄를 용서받은 것은 그리스도의 대신 속죄를 통하여 우리의 죄 값을 다 받고 속죄하였기 때문이다.

우리는 우리 죄에 대한 심판과 형벌을 받지도 아니하고 죄가 있는 상태에서 의롭다 하심을 얻은 것이 결코 아니다.

우리는 그리스도의 영원한 대신 속죄로 말미암아 그리스도를 통하여 우리의 죄 값을 우리가 다 받고 끝마침으로써, 죄를 없이하여 죄에서 사함 받게 되었다.

그러므로 우리가 하나님께 의롭다 하심을 얻을 수 있게 된 것은 그리스도의 구속으로 말미암아 된 것이다(롬3:24).

이제 누구든지 그리스도의 구속으로 말미암아 의롭다 하심을 얻은 자는 더욱 그로 말미암아 구원을 받을 수 있게 되었다(롬5:9).

여기서 잠간, 속죄라는 말과 구속 곧 속량이라는 말의 차이점을 간단하게 알아보자.

구속(속량)이라는 말의 일반적인 의미는 종(노예) 되었던 사람을 몸값을 치르고 사서, 그를 풀어주어 종의 신분에서 자유케 하는 것이다.

속죄라는 말은 하나님께 지은 죄에 대해서 그 죄값을 다 받고 끝마침으로써 그 죄를 속하는 것이다.

구속의 성경적인 의미는 지은 죄를 속죄한 결과, 그 죄가 없어져서 죄에서 벗어나 자유케 되는 것이다.

곧 그리스도의 피로써 대신 속죄한 결과, 죄가 속하여져서 지은 죄에서 사함 받는 것이 바로 구속이다(엡1:7).

그러므로 구속은 속죄의 결과이자, 속죄를 포함하고 있는 말이다. 지은 죄는 반드시 죄값을 받아 피흘려 속죄해야, 그 죄에서 구속함을 받을 수 있는 것이다.

우리는 우리를 대신한 그리스도의 대신 속죄를 통하여 우리 죄에서 구속, 곧 죄 사함을 받았다.

속죄는 죄의 값을 다 치르는 것을 말하고, 구속은 지은 죄값을 다 치른 결과, 그 죄에서 놓여 자유케 되는 것이다.

3) 의롭다 하심의 증거 - 그리스도의 부활하심

"예수는 우리 범죄함을 위하여 내어줌이 되고 또한 우리를 의롭다 하심을 위하여 살아나셨느니라" (롬4:25).

우리가 하나님께로부터 죄 사함을 받아 의롭다 하심을 받았다는 확실한 증거는 무엇인가? 무엇을 보고 우리가 하나님께로부터 의롭다 하심을 받았는지 알 수 있는가? 그 증거는 바로 그리스도의 부활하심이다.

그리스도의 부활하심은 우리가 하나님께로부터 의롭다 하심을 얻은 확실한 증거가 된다. 왜 그런가? 이것은 두 가지 면에서 설명이 가능하다.

첫째로, 그리스도의 죽으심은 우리를 죄에서 사함 받게 하기 위하여 우리 대신 죄 값을 받아 죽으신 대신 속죄의 죽으심이다.

그리스도의 부활하심은 그리스도께서 우리 대신 죄인 되어 우리의 죄 값을 다 받고 끝마침으로써, 죄를 없이하여 의롭다 함을 얻어 죄의 형벌인 사망에서 풀려나 석방된 것을 뜻한다.

죄인은 죄의 형벌을 다 받고 끝마치기 전에는 결코 감옥에서 풀려나 석방될 수가 없다.

죄인이 감옥에서 풀려났다는 것은 죄의 형벌을 다 받고 끝마침으로써 죄가 없어졌음을 뜻하는 것이다. 죄가 남아있고서야 어찌 죄인이 감옥에서 풀려나 석방될 수 있겠는가? 그리스도의 부활하심은 그리스도께서 우리 대신 우리의 죄 값을 다 받고 끝마침으로써, 죄를 없이하여 의롭다 함을 얻어 사망의 감옥에서 풀려나 석방된 것을 뜻하는 것이다. 만약 그리스도께서 아직까지 부활하지 않으셨다면, 우리는 여전히 우리 죄에서 사함 받지 못하고 죄 가운데 있을 것이다(고전15:17). 이는 아직까지 우리의 죄 값인 사망 형벌을 받고 있는 중이기 때문이다.

그러나 그리스도는 죽음에서 부활하셨다. 그리스도의 부활하심은 죄의 형벌을 다 받고 끝마침으로써, 죄에서 사함 받아 의롭게 되었음을 나타내는 확실한 증거이다.

그러므로 그리스도를 통하여 죄의 형벌을 다 받고 끝마친 우리는 다시 죄의 형벌을 받지 아니할 뿐만 아니라, 죄에서 해방되어 결코 정죄함을 받지 아니한다.

이처럼 그리스도의 부활하심은 그리스도 안에 있는 모든 그리스도인에게 죄 사함 받은 영수증과 같은 것이다.

둘째로, 그리스도의 대제사장적인 사역을 통하여 설명될 수 있다.

구약의 속죄일은 1년에 단 한 번 대제사장이 이스라엘 자손의 모든 죄를 속하기 위하여, 속죄 제물의 피를 가지고 지성소에 들어가서 하나님 앞에 속죄하는 날이다.

백성의 죄가 씻음 받아 의롭게 되기 위해서는 대제사장이 지성소에서 하나님께 드린 속죄 제사가 하나님께 열납되어야 한다. 속죄 제사가 하나님께 열납되지 않고서는 백성의 죄가 사함 받지 못한다.

그러면, 대제사장이 하나님께 드린 속죄 제사가 하나님께 열납되어, 우리의 죄가 깨끗이 씻음 받아 의롭게 되었다는 것을 무엇을 보고 알 수 있는가?

그것이 바로 속죄의 피를 가지고 백성의 죄를 속하기 위하여 지성소에 들어간 대제사장이, 속죄제를 하나님께 드리고 살아 나오느냐 살아 나오지 못하느냐에 달려 있다.

대제사장이 속죄제를 드리고 지성소에서 살아 나오면, 하나님께 드린 속죄 제사가 하나님께 온전히 열납되어 백성의 죄가 완전히 속죄되어 깨끗이 씻음 받았다는 뜻이 된다. 그러나 대제사장이 살아 나오지 못하면 대제사장이 죽은 것이 문제가 되는 것이 아니라, 그 제사가 하나님께 열납되지 아니하여 백성의 죄가 속죄되지 않았다는 뜻이 되는 것이다. 그러므로 대제사장의 살아 나옴은, 하나님께 드린 속죄 제사가 하나님 앞에 흠 없이 온전하여, 하나님께서 열납 하시므로 모든 백성의 죄가 속죄되어 깨끗이 씻음 받았다는 뜻이 되는 것이다.

이와 같이 예수 그리스도는 우리 죄를 위한 속죄 제물인 동시에 자신을 제물로 하나님께 드린 대제사장이시다. 예수 그리스도는 대제사장으로서 손으로 짓지 아니한 하늘의 참 성소에 들어가 자신을 하나님께 드려 자신의 피로써 영원한 속죄를 이루셨다. 그리스도께서 하나님께 드린 속죄 제사가 하나님께 열납되어 우리의 죄가 영원히 속죄되었다는 사실을 무엇을 보고 알 수 있는가? 그것이 바로 예수 그리스도께서 속죄 제사를 드리시고 살아 나온 부활에 있는 것이다. 예수 그리스도께서 대제사장으로서 하나님께 속죄 제사를 드리시고 살아 나오심을 볼 때, 예수 그리스도께서 드린 속죄 제사가 완전하여 하나님께서 열납하셨음을 뜻하기 때문이다. 그러므로 예수 그리스도의 부활하심은 우리의 죄가 깨끗이 씻음 받아 의롭게 되었다는 확실한 증거와 표적이 되는 것이다.

4) 어떻게 우리가 의롭다 하심을 얻을 수 있는가?

(1) 하나님의 은혜로 의롭다 하심을 얻음

"그리스도 예수 안에 있는 구속으로 말미암아 하나님의 은혜로 값없이 의롭다 하심을 얻은 자 되었느니라" (롬3:24).

우리가 의롭다 하심을 얻은 것은 우리의 행위로 말미암은 것이 아니라 하나님의 은혜로 된 것이다. 율법의 행위로는 하나님 앞에 의롭다 하심을 얻을 사람이 아무도 없다.

우리가 하나님의 은혜로 의롭다 하심을 얻을 수 있게 된 것은, 그리스도께서 우리 대신 이루어 놓으신 구속으로 말미암아 된 것이다.

예수님은 우리가 하나님 앞에 의롭다 하심을 얻을 수 있도록, 우리 죄를 대신 속죄하여 우리를 죄에서 사함 받게 하셨다. 이것이 바로 그리스도께서 우리를 위하여 이루어 놓으신 구속의 일이다.

그러므로 우리가 하나님께로부터 의롭다 하심을 얻은 것은 그리스도의 구속으로 말미암아 하나님의 은혜로 된 것이다.

만일 그리스도께서 우리를 죄에서 구속하지 아니하셨다면, 우리는 하나님께로부터 의롭다 하심을 얻을 수 없다.

이는 하나님께서 우리를 의롭다하실 근거가 없기 때문이다.

하나님은 의로운 분이시라 의를 떠나서는 아무 일도 하실수 없다. 하나님께서 은혜를 베푸시는 일도 마찬가지이다. 하나님께서 은혜를 베푸시는 일도 하나님의 "의" 안에서 가능하다.

"죄가 사망 안에서 왕 노릇 한 것같이 은혜도 또한 의로 말미암아 왕 노릇" 한다(롬5:21). 하나님의 은혜는 하나님의 의에 의하여 제재를 받는다. 하나님께서 "의" 안에서 은혜를 베푸셔야 그 은혜는 정당하고 의로운 은혜이다.

하나님은 우리를 그리스도의 구속에 근거하여 은혜로 값없이 의롭다 하셨다.

하나님께서 우리를 값없이 의롭다 하신 것은, 이미 그리스도께서 우리 대신 우리의 죄 값을 다 치르시고 속죄하여 우리를 죄에서 구속하셨기 때문이다.

그러므로 우리가 그리스도의 구속에 근거하여 하나님의 은혜로 값없이 의롭다 하심을 얻게 된 것이다.

  (2) 오직 믿음으로 말미암아 의롭다 하심을 얻음

 "또 모세의 율법으로 너희가 의롭다 하심을 얻지 못하던 모든 일에도 이 사람을 힘입어 믿는 자마다 의롭다 하심을 얻는 이것이라" (행13:39).

우리가 율법의 행위로 의롭다 하심을 얻을 수 없다면 어떻게 하나님 앞에 의롭다 하심을 얻을 수 있는가?

하나님은 율법 외에 다른 방법으로 의롭다 하심을 얻을 수 있는 길을 예비해 두셨다. 그것은 율법의 행위로서가 아닌 예수 그리스도를 믿음으로 말미암아 모든 사람이 차별 없이 다 의롭다 하심을 받는 것이다(롬3:21-22).

하나님 앞에 의롭다 하심을 얻는 것은 믿음으로 되는 것이지, 행위로 말미암아 되는 것이 아니다.

죄로 인하여 전적으로 타락한 죄인이 어찌 그 행위로 하나님 앞에 의롭다 하심을 얻을 수 있겠는가?

사람이 의롭다 하심을 얻는 것은 율법의 행위에 있지 아니하고 오직 예수 그리스도를 믿는 그 믿음으로 말미암아 되는 것이다(롬3:22, 28).

아브라함이 하나님 앞에 의롭다 하심을 얻은 것은 행위로 말미암은 것이 아니라, 하나님을 믿는 그 믿음으로 말미암아 된 것이다(롬4:2-3).

하나님께서 아브라함을 장막 밖으로 이끌고 나가, 하늘의 뭇 별을 보이시며 그 자손에 대하여 약속하시기를 "네 자손이 이와 같으리라" 하셨다(창15:5). 이때 아브라함은 하나님께서 자기에게 말씀하신 대로 능히 이루실 줄을 확신하고 하나님을 믿었다. 아브라함이 하나님께서 자기에게 말씀하신 그대로 되리라고 하나님을 믿으매 하나님께서 이것을 그에게 의로 여기셨다(창15:6, 롬4:3, 22). 아브라함이 하나님께 의롭다 하심을 받은 것은 행위로 말미암은 것이 아니라, 하나님을 믿는 그 믿음으로 말미암아 된 것이다.

아벨도 믿음으로 가인보다 더 나은 제사를 하나님께 드림으로 의로운 자라 하시는 증거를 받았다(히11:4). 이와 같이 "경건치 아니한 자를 의롭다 하시는 이를 믿는 자에게는 그 믿음을 의로 여기"신다(롬4:5). 우리가 하나님께 의롭다 하심을 얻는 것은 우리의 선한 행위나 율법의 행위로 말미암은 것이 아니라, 오직 예수 그리스도를 믿는 그 믿음으로 말미암아 된 것이다(갈2:16, 롬3:28). 율법은 다만 우리를 그리스도에게로 인도하여 그리스도를 믿음으로 말미암아 의롭다 하심을 얻게 하는 몽학선생이다(갈3:24). 이제 누구든지 그리스도의 구속으로 말미암아 예수님께서 그리스도이심을 믿는 자마다 그 믿음으로 말미암아 의롭다 하심을 얻어 구원을 받게 된다. 그러므로 우리가 의롭다 하심을 얻게 된 것은 그리스도의 구속으로 말미암아 하나님의 은혜로 된 것이요, 예수께서 그리스도이심을 믿는 그 믿음으로 말미암아 된 것이다(롬3:24). "그러

므로 우리가 믿음으로 의롭다 하심을 받았으니 우리 주 예
수 그리스도로 말미암아 하나님과 화평을 누리자"(롬5:1).

(3) 의롭다 하신 이는 하나님이시니

"의롭다 하신 이는 하나님이시니" (롬8:33),

그리스도의 구속에 근거하여 우리를 의롭다 하시는 이는
바로 하나님이시다. 그러면 "의"란 무엇인가?

"의"란 좌로나 우로 치우치지 아니하고 공정하고 정당하게
행하는 올바른 행위이다.

의는 하나님의 속성 중의 하나이다.

하나님은 본질적으로 의로우신 분이시다(시116:5, 신32:14)

의는 하나님의 행동 원칙이자, 하나님의 일하시는 방법이
다. 하나님은 그 모든 행위에 다 의로우시다(시145:17).

하나님은 의를 떠나서는 아무 일도 하시지 않는다.

하나님은 모든 일을 불의함이나 편벽됨이 없이 공의로 행
하시는 분이시다(대하19:7).

하나님께서 예수 그리스도를 믿는 자를 의롭다 하시는
일도 마찬가지이다. 하나님은 의로운 자를 의롭다 하시고
죄 있는 자를 의롭다 하시지 않는다. 하나님은 우리를 그
리스도의 구속에 근거하여 의롭다 하셨다.

의롭다 하신 이는 하나님이시니 누가 우리를 정죄하리요.
하나님께서 의롭다 하셨으면 의로운 것이다. 하나님은 우리가 하나님께 지은 죄에 대한 피해자이시며 재판장이시다.
공의로우신 재판장께서 우리를 그리스도의 구속에 근거하여 재판한 결과, 그리스도로 말미암아 우리의 모든 죄가 사해졌으므로 공식적으로 의롭다고 선언하신 것이다.

재판장이신 하나님께서 우리를 의롭다고 선언하셨으면 의로운 것이다. 우리 죄에 대한 피해자이시며 의로우신 재판장이신 하나님께서 우리를 의롭다고 선언하셨는데 누가 우리를 송사하겠는가?

재판장이신 하나님께서 의롭다 하셨으면 그것으로 족한 것이다. 내 생각이나 다른 사람이 어떻게 말하든 상관없이 법정에서 재판장이 의롭다고 판결하였으면 의로운 것이다.

하나님의 판결문에 이미 의롭다고 선언하셨으면 그것으로 끝이다. 하나님은 우리를 의롭다 하시고, 의롭다 하신 우리를 또한 영화롭게 하셨다(롬8:30).

하나님께서 이같이 우리를 위하시는데 누가 우리를 대적하겠는가? 의롭다 하시는 이는 하나님이시니 누가 우리를 정죄하겠는가. 이제 우리는 그리스도의 구속으로 말미암아 죄에서 사함 받아 의롭다 하심을 얻은 자가 되었다.

"의롭다 하신 이는 하나님이시니". 확실히 믿기 바란다.

참고로 의롭다 하심이란 무엇인지 간략하게 정리해 보자. 의롭다 하심이란, 그리스도의 구속으로 말미암아 우리가 죄에서 사함 받아 의로워졌음을 하나님께서 공식적으로 선언하시는 것이다.

우리는 그리스도를 통하여 우리의 죄 값을 다 받고 끝마침으로써 속죄하였다.

그러므로 하나님은 우리의 죄를 반드시 용서해 주셔야 한다. 우리가 그리스도를 통하여 죄의 형벌을 다 받고 끝마쳤기 때문에 하나님은 우리의 죄를 용서하시지 않을 수 없게 되었다. 용서해 주기 싫어도 반드시 용서해 주셔야 한다. 이는 우리가 그리스도를 통하여 우리의 죄 값을 다 받고 속죄하였기 때문이다.

그리스도께서 우리를 위하여 이루어 놓으신 구속에 근거하여 우리를 의롭다고 선언하시는 이는 하나님이시다.

그러므로 의롭다 하심이란, 하나님께서 그리스도의 구속에 근거하여 우리를 재판한 결과, 우리의 죄가 그리스도의 대신 속죄로 말미암아 속하여져서 죄에서 사함 받아 의로워졌음을 법적으로 선언하신 것이다.

의롭다 하심이란 그리스도의 구속으로 말미암아 죄 사함 받은 자에게 내려지는 하나님의 법적인 선언이다.

4. 하나님과 화목하게 됨

"곧 우리가 원수 되었을 때에 그의 아들의 죽으심으로 말미암아 하나님과 화목하게 되었은즉 화목하게 된 자로서는 더욱 그의 살으심으로 말미암아 구원을 받을 것이니라" (롬5:10)

왜 우리가 하나님과 화목하게 되어야 하는가?
그 이유를 알기 위해서는 먼저 우리와 하나님과의 관계가 어떠한지 알아야 한다.

1) 하나님과 화목 되기 이전의 사람의 상태

(1) 죄인으로 태어남 – 죄인이 됨

"그러므로 한 사람으로 말미암아 죄가 세상에 들어오고 죄로 말미암아 사망이 왔나니 이와 같이 모든 사람이 죄를 지었으므로 사망이 모든 사람에게 이르렀느니라" (롬5:12).

사람이 죄인이 된 것은 우리가 태어난 이후의 우리가 행한 범죄로 말미암은 것이 아니다.
우리가 죄인이 된 것은 우리의 조상 아담 한 사람으로 말미암아 된 것이다.
인류의 조상 아담 한 사람의 범죄로 말미암아 죄가 세상에 들어오고 죄로 말미암아 사망이 찾아오게 되었다.

아담의 범죄로 말미암아 아담 안에 있는 모든 사람이 아담과 함께 다 죄인이 된 것이다. 왜 그런가?

아담은 인류의 대표이기 때문이다. 아담의 후손들은 다 아담의 허리에서 난 아담 안에 있는 자들이다.

그러므로 아담의 범죄와 같은 죄를 짓지 아니한 자들에게도 아담으로 말미암아 그 안에서 아담과 함께 죄를 지은 것이다. 이와 같이 아담 한 사람으로 말미암아 죄가 모든 사람에게 이르게 되었고, 죄로 말미암아 사망이 찾아오게 되었다. 그러므로 사람이 죄인이 된 것은 우리의 범죄한 행위로 말미암은 것이 아니라, 출생으로 말미암은 것이고 아담의 죄가 유전되었기 때문이다.

"내가 죄악 중에 출생하였음이여 모친이 죄 중에 나를 잉태하였나이다"(시51:5). 사람은 태어날 때부터 부모의 죄를 유전 받고 죄인으로 태어난다. 우리가 죄를 범하였기 때문에 죄인이 된 것이 아니라, 태어날 때부터 그 안에 죄를 가지고 태어나기 때문에 죄인이 된 것이다.

아담의 죄가 모든 사람에게 유전되었기 때문에 우리가 죄인이 되었다. 그러므로 아담 안에 있는 모든 사람은 다 태어나면서부터 죄인이다.

(2) 죄의 종이 됨 - 죄가 왕 노릇 함

"너희가 본래 죄의 종이더니" (롬6:17),

"죄를 범하는 자마다 죄의 종이라" (요8:34),

의인은 없나니 하나도 없으며 선을 행하는 자는 없나니 하나도 없다. 왜 그런가?

아담의 범죄로 말미암아 모든 사람이 다 죄 아래에 있고 이미 죄의 종이 되었기 때문이다(롬3:9-12).

죄의 종이 된 자들이 선을 행할 수 있겠는가? 절대로 없다. 아담의 범죄로 말미암아 죄가 우리 안에 들어와 우리를 사로잡아 왕 노릇 하게 되었다. 그 죄가 우리 안에서 우리로 죄를 범하게 하므로 우리가 죄의 종이 된 것이다.

진 자는 이긴 자의 종이 된다(벧후2:19).

육체에 속한 사람은 절대로 죄를 이기지 못한다.

우리는 죄에게 져서 죄의 종이 되었다. 그러므로 우리 안에 있는 죄가 우리 안에서 왕 노릇 하는 것이다.

죄는 우리 안에서 우리의 마음과 생각을 지배하여, 우리의 마음과 생각을 따라 살게 함으로 온갖 죄를 다 짓게 만든다. 이렇게 죄가 지배하는 우리의 마음과 생각은 만물보다 심히 부패하게 되었다(렘17:9).

죄는 또한 우리 안에서 왕 노릇 하여 몸의 사욕을 좇아 행하게 하므로 몸으로 죄를 짓게 한다.

사람이 원치 아니하는 악을 행하고 선을 행치 못하는 이유는 우리 안에 있는 죄가 우리 안에서 왕 노릇 하기 때문이요, 우리가 죄의 종이 되었기 때문이다. 우리가 죄를 지을 수밖에 없는 이유가 바로 여기에 있다. 죄는 이렇게 우리 안에서 온갖 죄를 짓게 만들므로 우리로 하나님과 원수가 되게 하였고 하나님의 진노 아래 있게 하였다.

(3) 마귀에게 속한 자가 됨

"죄를 짓는 자는 마귀에게 속하나니 마귀는 처음부터 범죄함이니라" (요일3:8).

사람은 아담의 범죄로 말미암아 죄의 종이 되었고, 또한 아담의 죄로 말미암아 마귀에게 속한 자가 되었다.
아담의 범죄로 인하여 이러한 죄의 결과들이 아담 안이 있는 모든 사람에게 그대로 유전되어 이르게 된 것이다.
그러므로 아담의 범죄와 같은 죄를 짓지 아니한 자들에게도 아담의 죄로 말미암아 죄의 종이 되었고, 아담의 죄로 말미암아 아담 안에 있는 모든 사람들이 다 마귀에게 속한 자가 되었다.
첫 사람 아담의 아들 가인이 왜 그 아우 아벨을 죽이게 되었는가? 이는 그가 악한 자 곧 마귀에게 속하여 그 아우 아벨을 시기하고 미워하였기 때문이다.

"가인같이 하지 말라 그는 악한 자에게 속하여 그 아우를 죽였으니"(요일3:12).

마귀는 처음부터 범죄한 자요, 처음부터 살인한 자이다(요 8:44). 이렇게 마귀에게 속한 자들은 마귀를 따라 살아가며 그 아비 마귀의 행사를 하게 된다.

우리가 육체의 욕심을 따라 지내며, 육체와 마음의 원하는 것을 따라 살아가는 것이 바로 공중 권세를 잡은 마귀를 따라 살아가는 것이다(엡2:2-3).

이렇게 우리는 마귀에게 속하여 육신의 소욕을 따라 살아가며, 하나님을 거슬러 죄를 범하므로 하나님의 진노를 받을 수밖에 없는 진노의 자식이 되어버렸다.

(4) 하나님과 원수가 됨

"전에 악한 행실로 멀리 떠나 마음으로 원수가 되었던 너희를" (골1:22).

사람은 본래 죄의 종으로 온갖 죄를 범하여 그 죄로 인하여 하나님과 원수가 되었다.

또한 죄로 인하여 마귀에게 속하여 하나님께는 불순종하고, 공중 권세를 잡은 마귀를 따라 마귀의 행사를 하므로 진노의 자식이 되어 하나님과는 원수가 되어버렸다.

죄가 우리를 하나님과 멀어지게 하였고 죄가 우리를 하나님과 원수가 되게 한 것이다.

이렇게 우리가 하나님과 원수 되었음을 우리의 육신의 생각과 그 모든 행위들이 스스로 증거하고 있다.

"육신의 생각은 하나님과 원수가 되나니 이는 하나님의 법에 굴복하지 아니할 뿐 아니라 할 수도 없음이라"(롬8:7). 육신에 있는 자들은 절대로 하나님을 기쁘시게 할 수 없다. 이는 육신의 생각은 하나님의 법에 굴복치 아니할 뿐만 아니라 할 수도 없기 때문이다. 육신의 생각은 그 자체가 하나님과 원수가 된다. 육신의 생각에서 나오는 모든 악한 행실들은 우리가 이미 마음으로 하나님과 원수가 되었음을 증거하는 것들이다.

또한 육체의 소욕도 성령을 거스르고 대적하기 때문에 육체의 소욕을 따라 사는 자도 하나님을 기쁘시게 할 수 없다. 육체와 그 마음의 원하는 것을 따라 사는 사람들은 자신도 모르게 공중 권세를 잡은 자 곧 마귀를 따라 살아가고 있는 것이다(엡2:2-3). 우리가 이 세상의 풍조를 따라 세상을 사랑하며 세상과 가까이 친구처럼 살아간다면, 이 또한 하나님과 원수가 된 증거이다(약4:4).

하나님과 원수가 된 것을 가볍게 여기지 말라. 만유보다 크시고 두려우신 하나님과 원수 된 것보다 더 치명적인 것은 없다. 하나님과 원수가 된 사람이 하나님의 진노의 심판과 그 형벌에서 피할 수 있겠는가?

하나님과 원수 된 자들이 구원받을 수가 있겠는가?

이러한 자들은 하나님을 떠나 영원한 멸망의 형벌을 받게 될 뿐이다(살후1:9).

그러면, 우리가 하나님과 화목하게 되어 구원받을 수 있는 길은 전혀 없는 것인가?

이것으로 모든 것이 끝난다면, 하나님과 원수 된 자들은 정말 큰 일이고 두렵고 절망적일 수밖에 없다.

그러나 우리에게 아직 소망이 있다. 하나님은 긍휼이 많으신 사랑의 하나님이시다. 사랑의 하나님께서 우리가 하나님과 화목하게 되어 구원받을 수 있는 길을 활짝 열어주셨다. 이제 소망을 가지고 하나님께서 우리에게 열어주신 구원의 길을 알아보자.

2) 그리스도로 말미암아 하나님과 화목하게 됨

하나님과 원수 되었던 우리가 어떻게 하나님과 화목하게 될 수 있는가? 이제 그 과정과 근거에 대해서 알아보자.

(1) 하나님의 아들을 화목제물로 보내주심

"하나님이 우리를 사랑하사 우리 죄를 속하기 위하여 화목제물로 그 아들을 보내셨음이라"(요일4:10).

우리가 우리 죄로 인하여 하나님과 원수 되었을 때에 우리를 향하신 하나님의 사랑이 우리에게 이렇게 나타나신 바 되었다. 그것은 하나님께서 하나님과 원수 된 우리를 하나님과 화목하게 하기 위하여 그 아들을 화목제물로 우리에게 보내주신 것이다. 이제 우리는 하나님께서 보내주신 그 화목제물을 통하여 우리가 하나님께 지은 죄를 속죄하여 그 죄를 속하므로 하나님과 화목할 수 있게 되었다. 하나님께서 우리에게 죄 사함을 얻어 하나님과 화목할 수 있는 길을 열어주신 것이다.

(2) 우리 죄를 대신 담당하신 예수님

"보라 세상 죄를 지고 가는 하나님의 어린 양이로다"(요1:29)
"친히 나무에 달려 그 몸으로 우리 죄를 담당하셨으니"(벧전2:24).

이제 우리 죄를 속하기 위하여 화목제물로 오신 예수님께서 우리 죄를 대신 담당하심으로 우리를 대신하여 죄로 삼으신바 되셨다(고후5:21). 죄를 알지도 못하신 예수님께서 우리를 하나님과 화해시키시기 위하여 우리 죄를 대신 담당하심으로 실제로 우리의 화목제물이 되신 것이다.

죄 없으신 예수님께서 우리를 대신하여 죄인이 되셨다.

이제 예수님은 죄인인 내 자신으로 대체 되신 것이다. 이제 예수님은 내 죄를 대신 담당하심으로 죄인인 내 자신이 되셨다. 그러므로 이제 예수님은 내 죄에 대한 형벌을 내 대신, 내 입장에서 내 이름으로 받게 되는 것이다. 이로써 우리가 하나님과 화목할 수 있는 모든 준비는 다 끝났다.

이제 우리가 어떻게 하나님과 화목하게 되는지 알아보자.

(3) 예수님의 죽으심으로 하나님과 화목하게 됨

"곧 우리가 원수 되었을 때에 그의 아들의 죽으심으로 말미암아 하나님과 화목하게 되었은즉 화목하게 된 자로서는 더욱 그의 살으심으로 말미암아 구원을 받을 것이니라"(롬5:10).

우리가 하나님과 원수 되었을 때에, 우리의 죄를 대신 담당하신 예수님께서 우리 죄의 형벌을 우리 대신 받아 십자가에 죽으심으로 말미암아, 우리 죄를 속하여 우리를 하나님과 화목하게 하셨다.

우리를 하나님과 원수 되게 하였던 우리의 죄를 그리스도의 속죄의 피로써 제거하고 없이함으로써, 우리를 하나님과 화목하게 하신 것이다.

하나님과 우리 사이에 죄가 있고서는 절대로 하나님과 화목할 수가 없다. 죄가 우리를 하나님과 멀어지게 하였고, 죄가 우리를 하나님과 원수가 되게 하였다.

하나님께 지은 죄는 반드시 죄 값을 받아 속죄해야만, 그 죄가 속하여져서 그 죄에서 사함 받게 되는 것이다.

속죄하지 아니한 죄는 절대로 사함 받지 못한다.

속죄하였다는 말은 죄의 값, 곧 죄의 형벌을 다 받고 끝마쳤다는 의미이다.

죄 값을 다 받고 속죄한 죄는 그 죄가 속하여져서 그 죄에서 정당하게 사함 받게 되는 것이다(민15:28).

죄가 속하여졌다는 말은 죄가 덮어지고, 가리워지고, 제거되었다는 뜻이다.

"속하다"는 말의 신약 적인 의미는 없이하다, 소멸하다, 사라지다는 뜻이 있다(히9:26, 요일3:5).

그러므로 죄 값, 곧 죄의 형벌을 다 받고 속죄한 죄는 그 죄가 없어졌기 때문에 그 죄에서 정당하게 용서받고 벗어나게 되는 것이다. 우리는 그리스도의 대신 속죄를 통하여 하나님께 지은 죄를 속죄하였다.

이제 우리 죄를 위한 그리스도의 대신 속죄의 죽으심으로 말미암아 우리 죄를 없이함으로써, 하나님과의 관계가 정상적으로 회복되었다. 이것이 우리 죄로 인하여 하나님과 원수 되었던 우리가 그리스도로 말미암아 하나님과 화목하게

된 것이다. 이제 하나님과 화목하게 된 자들에게 주어지는
결과에 대해서 알아보자.

3) 하나님과 화목하게 된 결과

(1) 우리가 구원을 얻게 됨

"곧 우리가 원수 되었을 때에 그의 아들의 죽으심으로 말미
암아 하나님과 화목하게 되었은즉 화목하게 된 자로서는 더욱
그의 살으심으로 말미암아 구원을 받을 것이니라" (롬5:10).

예수 그리스도의 대신 속죄로 말미암아 하나님과 화목하게
된 자들이 멸망할 수 있겠는가? 절대로 그렇지 않다.

만일 그렇다면 우리 죄를 위한 그리스도의 속죄의 죽으심
은 헛되이 죽으신 것이다.

예수 그리스도의 대신 속죄로 말미암아 죄 사함을 받아 하
나님과 화목하게 된 자들은 반드시 구원을 받는다.

하나님과 화목하게 된 자들이 하나님에 의하여 구원받는
것은 당연한 것이다.

우리가 하나님과 원수 되었을 때에는 하나님의 진노하심을
받아 멸망하는 것이 당연하였다. 그러나 이제는 그리스도로
말미암아 의롭다 하심을 얻어 하나님과 화목하게 되었다.

또한 하나님과 화목하여 아주 가까운 사이가 되었다.

그것은 아버지와 자녀의 관계이다.

하나님은 우리를 예수 그리스도로 말미암아 하나님과 화목하게 하실 뿐만 아니라, 하나님의 자녀들이 되게 하셨다.

하나님의 자녀들이 멸망할 수 있겠는가?

하나님의 자녀들이 하나님으로 인하여 구원받는 것은 당연한 것이다. 하나님은 우리를 하나님 앞에 거룩하고 흠이 없게 하기 위하여, 우리의 죄를 그리스도의 속죄의 피로 정결케 씻어 의롭다 하심을 얻게 하셨다.

그러므로 우리가 예수 그리스도의 죽으심으로 말미암아 하나님과 화목하게 되어 구원을 얻게 된 것이다.

(2) 하나님과 화평을 누리며 즐거워하게 됨

"그러므로 우리가 믿음으로 의롭다 하심을 받았으니 우리 주 예수 그리스도로 말미암아 하나님과 화평을 누리자" (롬5:1).

죄인에게는 평안이 없다(사48:22). 우리는 하나님께 지은 죄로 인하여 하나님과는 원수가 되어 있었다. 하나님과 원수가 된 자에게 어찌 평안이 있을 수 있겠는가?

그러나 이제는 그리스도의 대신 속죄로 말미암아 우리의 죄를 속하심으로 우리가 하나님과 화목하게 되었다.

그리스도로 말미암아 하나님과 우리 사이에 평화가 찾아오게 된 것이다. 이제 우리는 그리스도로 말미암아 더 이상 하나님과 원수 관계에 있지 아니하다.

하나님과 원수 되었던 우리가 그리스도의 속죄의 피로 죄를 없이하심으로 하나님과 아주 가까워지게 된 것이다.

이제 하나님과 우리는 아버지와 자녀의 관계로 가까워졌다. 하나님과 원수 되었던 우리가 예수 그리스도로 말미암아 하나님의 자녀가 된 것이다. 이제 하나님의 자녀가 된 우리에게 더 이상의 불안함이나 잠 못 이루는 두려움 따위는 없다. 우리가 하나님과 화목함으로 하나님과 더불어 평화를 누리게 된 것이다. "너는 하나님과 화목하고 평안하라 그리하면 복이 네게 임하리라"(욥22:21).

할렐루야! 이제 우리에게 평화가 찾아왔다. 이 얼마나 복되고 기쁜 일인가!

그러므로 우리를 하나님과 화목하게 하신 우리 주 예수 그리스도로 말미암아 하나님 안에서 즐거워하자!

"그뿐 아니라 이제 우리로 화목하게 하신 우리 주 예수 그리스도로 말미암아 하나님 안에서 또한 즐거워하느니라"(롬 5:11).

5. 영원한 해방과 자유

이제 우리를 구원하신 예수 그리스도로 말미암아 우리가 어디로부터 해방과 자유를 얻게 되었는지 알아보자.

1) 죄와 죄의 형벌인 사망에서 해방됨

(1) 그리스도의 대신 속죄로 죄에서 해방하심

"우리를 사랑하사 그의 피로 우리 죄에서 우리를 해방하시고" (계1:5).

죄인이 자신의 범한 죄와 그 죄의 형벌인 사망에서 어떻게 벗어나 자유케 될 수 있는가? 이에 대해서는 이미 앞에서 충분히 설명하였다. 여기서는 간략하게 설명하고자 한다. 죄인이 자신의 범한 죄와 그 죄의 형벌인 사망에서 벗어나기 위해서는 반드시 그 죄 값을 받음으로 속죄해야 한다. 속죄하지 아니한 죄는 결코 사함 받지 못한다(레4:35).

죄를 "속죄한즉 그가 사함 받으리라"는 말은, 속죄하지 아니하면 죄를 사함 받지 못한다는 말이다. 죄를 사함 받지 못하면 그 죄의 형벌인 사망에서 벗어날 수 없다.

그러면 하나님께 지은 죄를 어떻게 사함 받을 수 있는가?

죄인이 자신의 지은 죄에서 사함 받는 유일한 길은 대속물을 통한 대신 속죄뿐이다.

하나님은 대신 속죄를 통하여 우리의 죄가 어떻게 사함 받게 되는지 그 과정을 우리에게 아주 자세히 보여 주셨다.

죄를 지은 사람이 자신의 지은 죄에서 사함 받기 위해서는 자신을 대신할만한 흠 없는 속죄 제물을 하나님 앞으로 끌고 나오라 하셨다. 그리고 죄를 범한 자가 그 속죄 제물의 머리에 안수하고 그 제물을 잡았다.

안수에는 두 가지 의미가 있다.

하나는, 제물의 머리에 안수함으로써 죄인의 지은 모든 죄가 그 제물에 완전히 전가된다(레16:21).

또 하나는, 제물과 죄인이 서로 연합하여 하나가 됨을 의미한다.

이제 속죄 제물에 안수함으로써 그 제물은 죄인의 죄를 대신 짊어지고 그 죄의 값을 받아 죄인을 대신하여 죽는다.

이것이 곧 죄인을 대신한 대신 속죄의 죽음이다.

그 제물은 죄지은 내 자신이 되어 내 죄에 대한 형벌을 내 대신 받아 나의 입장에서 내 이름으로 죽는 것이다.

이러한 의미에서 속죄 제물은 죄 지은 나를 대신하는 동시에, 나와 하나로 연합된 내 자신을 의미한다. 나의 죄로 인하여 내 대신 죽는 것은 제물이지만, 그 제물을 통하여 죄의 옛사람인 내 자신이 죄의 형벌을 받아 죽는 것이다.
그러므로 죄인은 자신의 죄 값을 대신 받아 죽은 그 속죄
제물을 통하여 자신의 지은 죄를 속죄한 것이다.
죄를 속죄하였다는 말은, 자신의 죄 값을 다 받고 끝마쳤다
는 의미이다. 이로써 죄인은 속죄 제물을 통하여 자신의
죄 값을 다 받고 속죄함으로써, 죄에서 사함 받고 죄의 형
벌인 사망에서 벗어나 구원받게 된 것이다.

 이러한 의미에서 우리 죄를 위한 대신 속죄 제사는 하나님
의 아들 예수 그리스도를 통하여 단번에 영원히 드려졌다.
우리 죄를 위한 그리스도의 대신 속죄의 죽으심은 우리를
죄에서 사함 받게 하기 위하여 드려진 영원한 속죄 제사이
다(히9:12-14). 이로 말미암아 우리가 죄에서 사함받고 죄
에서 벗어나 자유케 되었다.
우리는 그리스도의 대신 속죄를 통하여 우리 죄의 형벌을
다 받고 끝마침으로써, 죄를 없이하여 죄의 형벌인 사망에
서 벗어나게 된 것이다.
그러므로 이제 우리는 그리스도의 영원한 속죄로 말미암아
죄에서 사함 받아 다시 죄를 위하여 제사 드릴 필요가 없게
되었다(히10:18).

(2) 그리스도의 부활하심으로 사망에서 해방하심

우리가 죄의 형벌을 다 받고 사망에서 풀려나 해방되었다는 사실을 어떻게 알 수 있는가?

그리스도의 죽으심은, 우리의 죄 값을 우리 대신 받으신 대신 속죄의 죽음이다.

반면에 그리스도의 부활하심은, 우리의 죄 값을 우리 대신 다 받고 끝마침으로써, 죄를 없이하여 의롭다 하심을 얻어 죄의 형벌인 사망에서 풀려나 석방된 것을 의미한다.

죄인은 죄의 형벌을 다 받고 끝마치기 전에는 결코 감옥에서 풀려나 석방될 수가 없다. 죄인이 감옥에서 풀려났다는 것은 죄의 형벌을 다 받고 끝마쳤다는 것을 뜻하는 것이다.

이처럼, 예수님께서도 우리 죄에 대한 형벌을 다 받고 끝마치기 전에는 결코 죄의 형벌인 사망에서 풀려나 다시 살아나올 수가 없다.

그러므로 그리스도의 부활하심은 그리스도께서 우리 대신 우리 죄의 형벌을 다 받고 끝마침으로써, 죄 사함을 얻어 죽음의 감옥에서 석방된 것을 의미한다.

이러한 의미에서 그리스도 안에 있는 모든 자들은 그리스도를 통하여 자신의 죄 값을 다 받고 끝마쳤기 때문에 죄의 형벌을 다시 받지 아니한다. 그러므로 그리스도의 부활하심은 그리스도 안에 있는 모든 사람들에게 죄의 형벌인 사망에서 해방되었음을 증거하는 표적이다.

만일 그리스도께서 우리의 죄를 대신 속죄하였음에도 불구하고 우리가 우리 죄에 대한 형벌을 다시 받아야 한다면, 우리 죄를 위한 그리스도의 대신 속죄의 죽으심은 헛된 것이 되고 말 것이다. 어찌 그러한 일이 있을 수 있겠는가? 우리는 그리스도의 대신 속죄의 죽음을 통하여 우리 죄에 대한 형벌을 우리가 다 받고 끝마친 것이다.

그 증거가 바로 그리스도의 부활하심이다.

그러므로 그리스도 안에 있는 자는 다시 정죄 받아 죄의 형벌을 받는 일은 결코 없다.

만일 그리스도께서 부활하지 않으셨다면, 우리는 아직도 여전히 죄 가운데 있을 것이다(고전15:17). 이는 아직도 그리스도께서 우리의 죄 값을 받고 있는 중이기 때문이다.

그러나 그리스도는 우리의 죄 값을 다 받고 끝마침으로써, 의롭다 하심을 얻어 죄의 형벌인 사망에서 풀려나 부활하셨다. 그러므로 그리스도의 부활하심은 죄의 형벌을 다 받고 끝마쳤다는 확실한 증거가 되는 것이다.

이로써 우리는 그리스도의 부활하심을 통하여 죄의 형벌을 다 받고 끝마침으로써, 죄 없이함을 얻어 죄에서 사함 받고 죄의 형벌인 사망에서 영원히 해방되게 되었다.

2) 죄의 본성으로부터 해방됨

(1) 아담 안에서의 인간의 상태

① 인간은 태어나면서부터 죄인이 됨

이에 대해서는 이미 앞에서 자세하게 살펴보았기 때문에 이곳에서는 간략하게 짚고 넘어가고자 한다.

"그러므로 한 사람으로 말미암아 죄가 세상에 들어오고 죄로 말미암아 사망이 들어왔나니 이와 같이 모든 사람이 죄를 지었으므로 사망이 모든 사람에게 이르렀느니라"(롬 5:12).

첫 사람 아담의 범죄로 말미암아 죄가 세상에 들어오고 죄로 말미암아 사망도 함께 들어오게 되었다.

그때부터 그 죄는 아담의 범죄와 같은 죄를 짓지 아니한 자들에게도 아담의 죄가 그대로 유전되었다. 이는 아담은 인류의 대표이기 때문이다. 이때부터 모든 사람은 태어나면서부터 죄를 그 속에 가지고 태어난다.

사람은 죄를 범했기 때문에 죄인이 된 것이 아니라, 이미 죄가 그 사람 속에 있기 때문에 죄인인 것이다.

이같이 아담 안에 있는 모든 사람이 죄인이 된 것은 출생으로 말미암은 것이고 유전으로 말미암은 것이다.

② 죄의 종 ─ 죄가 왕 노릇 함

"그러므로 너희는 죄로 너희 죽을 몸에 왕 노릇 하지 못하게 하여 몸의 사욕을 순종치 말고" (롬6:12).

우리는 태어나면서부터 죄 아래 있고 태어나면서부터 죄의 종으로 태어난다. 그러므로 로마서 6장 17절은 "너희가 본래 죄의 종"이었다고 말씀하셨다. 우리 안에 들어온 죄는 우리의 허락도 받지 않고 우리 안에서 왕 노릇 한다.

우리가 죄를 짓고 악을 행하는 이유는 우리 안에 있는 그 죄가 우리 안에서 왕 노릇 하기 때문이다.

모든 사람이 하나님의 기뻐하시는 의나 선은 행치 못하고 죄를 지을 수밖에 없는 근본적인 이유가 바로 여기에 있다.

  죄와 범죄는 근본적으로 다르다.

죄는 모든 범죄의 근원이자 죄의 본체이다.

범죄는 우리 안에 있는 그 죄의 활동으로 말미암아 행동으로 짓는 낱낱의 모든 행위의 죄들이다.

죄는 우리 안에 있는 본질이고, 범죄는 그 죄가 밖으로 행하는 온갖 악한 행동들이다. 죄는 나무와 같고 그 죄가 범하는 모든 죄들은 나무의 열매와 같다.

죄는 우리 안에 있는 죄의 본체이자 모든 범죄의 근원이다.

범죄는 그 죄의 활동으로 밖으로 행하는 낱낱의 행위의 죄들이다. 우리 안에 거하는 그 죄가 우리 안에서 왕 노릇 하여 우리로 온갖 죄들을 다 짓게 만드는 것이다.

바꾸어 말하면, 우리가 죄의 종노릇 하여 죄가 시키는 대로 온갖 죄악을 다 행하는 것이다. 이로 보건대 죄는 마귀의 하수인이자, 마귀가 우리 안에 심어놓은 악한 씨이다.

우리 안에서 우리로 범죄케 하는 장본인이 바로 죄이다.

그러므로 사도 바울조차 탄식하며 이르기를 내가 미워하고 원치 아니하는 그것을 행하면 "이제는 그것을 행하는 자는 내가 아니요 내 속에 거하는 죄니라"(롬7:17)고 하였다.

또 로마서 7장 20절에서도 이렇게 거듭 말했다.

"만일 내가 원하지 아니하는 그것을 행하면 이를 행하는 자는 내가 아니요 내 속에 거하는 죄니라"

우리로 죄를 짓게 하는 것은 내가 아니라 내 속에 거하는 바로 그 죄이다.

그러면 우리가 이러한 죄에서 어떻게 벗어날 수 있는가?

(2) 우리가 어떻게 죄로부터 해방될 수 있는가?

① 그리스도와 함께 십자가에 죽음으로 죄에서 해방됨

"우리가 알거니와 우리의 옛 사람이 예수와 함께 십자가에 못 박힌 것은 죄의 몸이 죽어 다시는 우리가 죄에게 종 노릇 하지 아니하려 함이니" (롬6:6).

그리스도의 죽으심에는 두 방면이 있다.

첫째로, 그리스도의 죽으심은 우리의 지은 죄를 속하기 위한 대신 속죄의 죽음이다.

이에 대해서는 이미 앞에서 자세히 설명하였다.

둘째로, 그리스도의 죽으심은 모든 사람을 대신한 대표적 죽음이다. "한 사람이 모든 사람을 대신하여 죽었은즉 모든 사람이 죽은 것이라"(고후5:14).

그리스도께서 죽으실 때 죄의 옛사람인 우리도 그리스도 안에서 그리스도와 함께 십자가에 못 박혀 죽었다(갈2:20, 롬6:6). 그리스도의 죽으심 안에는 우리 모두의 죽음이 포함되어 있다. 그래서 그리스도의 죽으심은 모든 사람을 포함한 대표적 죽음이다. 우리는 그리스도의 죽음을 통하여 그리스도 안에서 그리스도와 함께 죽은 것이다.

우리가 하나님께 지은 범죄에 대해서는 우리 죄를 위한 그리스도의 대신 속죄를 통하여 완전히 해결되었다.

그러나 우리 속에서 여전히 왕 노릇 하며 우리로 온갖 죄를 다 짓게 하는 모든 범죄의 근원인 죄, 곧 죄의 본성에 대해서는 어떻게 해야 하는가? 이 죄는 죽일 수도 없고 뿌리째 뽑아내 없애버릴 수도 없는 것이다.

죄의 종이 된 사람이 이 죄에서 스스로 벗어날 수 있는 길은 전혀 없다. 만일 죄와 싸워서 이길 수 있는 사람이 있다면, 그는 죄에서 벗어나 범죄하지 않을 수 있을 것이다.

그러나 죄와 싸워서 이길 수 있는 사람은 하나도 없다.

그렇다고 죄로부터 멀리 도망쳐서 살 수 있는 것도 아니다. 우리가 살아있는 동안에는 이 죄가 우리 안에서 내 허락도 없이 여전히 왕 노릇 하며, 우리를 죄의 종으로 삼아 시도 때도 없이 마구 부려먹고 죄를 짓게 만든다.

이러한 죄에서 어떻게 벗어날 수 있는가?

우리에게는 도저히 방법이 없다. 그러나 하나님께는 방법이 있다. 하나님은 하나님의 방법으로 우리를 죄에서 해방하여 구원하셨다. 그 방법은 무엇인가?

그것은 죄를 죽여 없애거나 우리 안에 거하는 죄를 뿌리째 뽑아내 없애버리는 것이 아니다.

죄에서 벗어날 수 있는 유일한 길은 죄를 죽이는 것이 아니라, 죄는 그냥 놔두고 오히려 우리가 죽는 것이다.

죽은 자는 죄에서 벗어나고 죄와 상관이 없어진다.

죽은 자는 더 이상 죄를 짓지 않는다.

죄를 죽여 없앨 수 없다면, 죄에서 벗어나는 유일한 길은 바로 내가 죽는 것이다.

죽은 자는 죄에서 벗어나 자유케 된다(롬6:7).

그러므로 하나님께서 우리를 죄에서 벗어나 자유케 하기 위하여 그리스도께서 죽으실 때, 우리 옛사람을 그리스도 안에서 그리스도와 함께 십자가에 못 박혀 죽게 하셨다. 우리가 그리스도 안에서 그리스도와 함께 세례를 받음으로 그와 함께 죽고, 그와 함께 장사지낸바 되었다(롬6:3-4). 그리스도께서 십자가에 못 박혀 죽으실 때에 그리스도 안에서 그리스도와 함께 죄의 옛사람인 우리가 십자가에 못 박혀 죽은 것이다(갈2:20, 5:24).

그러므로 그리스도의 죽으심은 그리스도 안에서 그리스도와 함께한 죄의 옛사람인 나의 죽음이다. 이제 죄에 대하여 죽은 자는 죄에서 벗어나 자유케 되었을 뿐만 아니라, 더 이상 죄가 우리를 주관하지 못한다(롬6:14). 죽은 자는 더 이상 죄를 지을 수도 없고 죄와의 관계도 끝났기 때문이다. 우리가 본래 죄의 종이었더니 이제 그리스도 안에서 그리스도와 함께 죽음으로써 죄에서 해방되어 자유케 된 것이다(롬6:17-18).

이제 우리가 죄에서 벗어나 실제로 죄와 상관없는 삶을 살아가기 위해서는 어떻게 해야 하는가?

② 죄에 대하여는 죽은 자로 여길지어다

"이와 같이 너희도 너희 자신을 죄에 대하여는 죽은 자요 그리스도 예수 안에서 하나님께 대하여는 살아있는 자로 여길지어다" (롬6:11).

하나님은 우리를 죄에서 해방하시기 위하여 우리를 그리스도와 함께 십자가에 못 박혀 죽게 하셨다.

우리 옛사람은 이미 그리스도 안에서 그리스도와 함께 십자가에 못 박혀 죽었다(갈2:20, 롬6:6). 이로써 우리는 죄에서 해방된 것이다. 이제 우리가 죄에서 벗어나 죄와 상관없이 살아갈 수 있는 방법이 바로 여기에 있다.

그것은 우리가 죄에 대하여는 죽은 자로 여기는 것이다.

곧 죄에 대하여는 죽은 자로 여기고 살아가는 것이다.

여기서 "여길지어다"라는 말은 사실에 근거를 둔 말이다.

사실이 그러하니 사실 그대로 그렇게 믿으라는 말이다.

이 말은 아주 강한 긍정문이다.

사실이 아닌 거짓이나 아무런 근거도 없는 것을 그렇게 간주하라는 말이 절대로 아니다.

"죽은 자로 여기라"는 말은 내가 실제로 그리스도와 함께 죽었기 때문에, 그 사실에 근거해서 너희도 그렇게 그 사실 그대로 인정하고 받아들이라는 말이다.

여기서 "여기라"는 말은 믿음이라는 말을 대치하여 믿음이라는 말과 동일하게 사용되었다.

본문에서 "여기라"는 말은 회계에서 사용하는 말이다.

만일 어떤 상품을 10만원 받고 팔았으면 장부에 10만원이라고 정확하게 기록하라는 말이다. 10만원을 받았으면서 거짓으로 장부에 9만원 받았다고 기록하는 것이 아니다.

10만원을 받았으면 사실 그대로 그렇게 10만원이라고 기록하는 것이다. 사실에 근거하여 사실 그대로 기록하라는 말이 바로 여기에 사용된 "여길지어다"라는 말의 의미이다.

"너희도 너희 자신을 죄에 대하여는 죽은 자로 여길지어다"라는 말은, 우리가 그리스도와 함께 실제로 죽은 사실에 근거하여 너희도 그 사실 그대로 너희 자신을 죽은 자로 여기라는 말이다. 우리가 죽지도 않았는데 거짓으로 죽은 자처럼 간주하라는 말이 절대로 아니다. 우리는 그리스도 안에서 죽은 것이지 내 안에서 죽은 것이 아니다. 내가 죽은 것을 내 안에서 찾으려고 해서는 안 된다. 우리는 그리스도께서 죽으실 때에 우리도 그 안에서 그와 함께 죽었다. 그리스도 안에서 이미 이루어진 사실을 너희도 그 사실 그대로 인정하고 받아들여 그렇게 여기라는 것이다.

하나님의 말씀 하신 사실에 근거하여 그 사실 그대로 여기고 받아들이는 것이 바로 믿음이다.

그러므로 이제 너희도 너희 자신을 죄에 대하여는 죽은 자로 여기고 그렇게 살아가라는 것이다. 죄에 대하여 죽은 자가 어찌 죄 가운데 더 살 수 있겠는가?

우리 옛사람은 이미 그리스도와 함께 십자가에 못 박혀 죽었다. 그런즉 이제는 내가 사는 것이 아니요 내 안에 그리스도께서 사시는 것이다(갈2:20).

그러므로 이제 죄에 대하여는 죽은 자로 여기고, 오직 내 안에 살아계시는 그리스도로 말미암아 살아가라. 그것이 죄와 상관없이 살아가는 길이다.

3) 마귀로부터의 해방

(1) 이전의 모든 사람은 다 마귀에게 속하였음

"죄를 짓는 자는 마귀에게 속하나니 마귀는 처음부터 범죄함이니라"(요일3:8).

아담의 범죄로 말미암아 모든 사람은 다 죄의 종이 되었고, 또 마귀에게 속하게 되었다.

사람이 죄를 짓는 근본적인 이유는 죄의 본성을 가지고 태어날 뿐만 아니라, 마귀에게 속하였기 때문이다.

아담의 아들 가인이 그 아우 아벨을 향하여 시기와 분노로 가득하여 그 아우 아벨을 죽인 것도 그가 악한 자에게 속하였기 때문이다(요일3:12).

아담의 범죄 이후 모든 사람은 태어나면서부터 마귀의 자식으로 태어난다. 그러므로 예수님께서 유대인들에게 이르시기를 "너희는 너희 아비 마귀에게서 났으니 너희 아비의 욕심대로 너희도 행하고자 하느니라"(요8:44) 하였다.

아담 이후로 사람은 마귀의 자식으로 태어나 그 아비의 행사를 그대로 행하며 마귀를 따라 살아간다.

그러므로 에베소서 2장 2절에서는 "그때에 너희는…공중의 권세 잡은 자를 따랐으니"라고 말한다.

마귀는 본래 사탄이라고도 하며 옛 뱀이요, 붉은 용이며 온 천하를 꾀는 자요, 공중 권세를 잡은 자이다(계12:3, 9). 그는 처음부터 살인한 자요, 처음부터 범죄한 자이며 거짓 말쟁이요, 거짓의 아비이다(요8:44, 요일3:9).

마귀는 처음부터 그럴듯한 거짓말로 하와를 유혹하여 하나님의 말씀을 범하게 하므로 하나님께 죄를 짓게 하였다.

마귀가 하는 근본적인 일은 사람으로 하여금 죄를 짓게 하는 것이다(요일3:8). 마귀는 사람이 그 마음과 육체의 욕심을 따라 행하게 하므로 자연스럽게 죄를 짓게 만든다.

또한, 이 세상의 풍조와 이 세대를 본받아 살게 하므로 세상과는 벗이 되게 하고, 하나님과는 원수가 되게 하여 하나님께 범죄하게 만든다.

마귀는 이렇게 사람을 죄악 가운데로 끌고 다니며, 마귀 짓을 하게 하고 마귀의 행사를 하게 하여 하나님의 진노를 받게 한다. 이렇게 사람을 사로잡아 사망으로 이끌고 가는 흉악한 마귀로부터 벗어나야 한다.

그러면 우리가 어떻게 마귀로부터 벗어날 수 있는가?

(2) 마귀로부터 자유케 되다

① 그리스도께서 마귀의 일을 멸하심

"죄를 짓는 자는 마귀에게 속하나니 마귀는 처음부터 범죄함이니라 하나님의 아들이 나타나신 것은 마귀의 일을 멸하려 하심이라" (요일3:8).

하나님은 마귀의 일을 멸하기 위하여 하나님의 아들 예수님을 구원자로 보내주셨다. 하나님의 아들이 이 땅에 오신 목적 중의 하나가 바로 마귀의 일을 멸하시기 위함이다.

마귀의 일이란 무엇인가? 마귀의 일은 바로 사람으로 하여금 범죄케 하는 것이다. 마귀의 일을 멸한다는 말은 곧 죄를 짓지 않게 한다는 말이다.

범죄하지 않게 하는 것이 곧 마귀의 일을 멸하는 것이다.

그러면, 어떻게 예수님께서 마귀의 일을 멸하여 우리로 범죄하지 않게 하셨는가?

이를 위하여 예수님은 우리를 위하여 두 가지 일을 하셨다. 하나는, 그리스도께서 십자가에 못 박혀 죽으실 때, 우리도 그리스도 안에서 그리스도와 함께 십자가에 못 박혀 죽게 하였다.

죽은 자는 더 이상 마귀를 따라 마귀의 일을 하지 못한다. 아니, 더 이상 마귀의 일을 할 수가 없다.

죽은 자는 더 이상 죄를 짓지 못하기 때문이다. 그러므로 우리를 그리스도와 함께 죽게 하심으로써 마귀의 일에서 벗어나게 하셨다.

또 하나는, 우리를 그리스도 안에서 하나님의 자녀로 다시 태어나게 하심으로 죄를 짓지 못하게 하셨다.

"하나님께로부터 난 자마다 죄를 짓지 아니하나니 이는 하나님의 씨가 그의 속에 거함이요, 그도 범죄하지 못하는 것은 하나님께로부터 났음이라"(요일3:9).

"하나님께로부터 난 자는 다 범죄하지 아니하는 줄을 우리가 아노라 하나님께로부터 나신 자가 그를 지키시매 악한 자가 그를 만지지도 못하느니라"(요일5:18).

하나님은 하나님의 자녀들이 범죄하지 못하도록 삼중으로 안전장치를 해 두셨다. 하나님께로부터 난 자마다 범죄하지 못하는 이유는 세 가지이다.

첫째로, 하나님께로부터 난 자는 그 속에 하나님의 씨가 거하기 때문에 범죄하지 못한다.

둘째로, 하나님께로부터 난 자는 하나님께로부터 나신 자, 곧 하나님의 아들 예수 그리스도께서 그를 지키시매 악한 자가 그를 만지지도 못한다.

셋째로, 하나님께로부터 난 자마다 범죄하지 못하는 것은 그가 하나님께로부터 태어난 하나님의 자녀이기 때문이다. 하나님의 자녀는 그 안에 하나님의 생명을 가진 자이다. 하나님의 생명은 범죄할 수 없는 거룩하고 완전한 영원한 생명이다. 하나님의 생명을 가진 하나님의 자녀가 범죄할 수 있겠는가? 여기서 하나님의 자녀란 하나님께로부터 성령으로 거듭난 속사람인 영을 가리켜 말하는 것이다. "육으로 난 것은 육이요 성령으로 난 것은 영이니"(요3:6) 성령으로 거듭난 속사람인 영은 절대로 범죄하지 못한다. 하나님은 우리를 하나님의 자녀로 다시 태어나게 하심으로써 마귀의 일을 하지 못하게 하셨다. 곧 더 이상 죄를 짓지 못하게 하심으로써 마귀의 일에서 온전히 벗어나게 하신 것이다.

② 그리스도께서 마귀를 멸하심

"자녀들은 혈과 육에 속하였으매 그도 또한 같은 모양으로 혈과 육을 함께 지니심은 죽음을 통하여 죽음의 세력을 가진 자 곧 마귀를 멸하시며" (히2:14),

우리가 어떻게 마귀로부터 벗어나게 되었는가? 우리가 마귀로부터 벗어나기 위해서는 반드시 마귀를 멸하여 없이해야만 한다. 마귀를 멸하지 않고서는 마귀에게서 벗어날 수 없다. 하나님의 아들이 육신을 입고 이 땅에 오신 목적 중의 하나가 바로 사망으로 말미암아 사망의 세력을 잡은 자 곧 마귀를 멸하기 위함이다.

그러면 예수님께서 어떻게 마귀를 멸하셨는가?

마귀는 사망으로 왕 노릇 하는 사망의 세력을 잡은 자이다. 마귀를 멸하지 않고서는 마귀에게 매여 일생토록 죽음의 공포에서 종노릇 하는 자들을 놓아줄 수가 없다.

예수님께서 사망의 세력을 잡은 자 곧 마귀를 멸하기 위하여 십자가에 죽으심으로 사망 아래로 내려가셨다.

그리고 사망의 세력을 잡은 자 곧 마귀를 멸하시고, 사망도 폐하시고 죽음에서 다시 살아나셨다.

예수님께서 사망으로 말미암아 마귀를 멸하셨다는 것을 우리가 어떻게 알 수 있는가?

마귀를 멸하셨다는 확실한 증거는 무엇인가?

그 증거가 바로 그리스도의 부활하심이다.

그리스도께서 죽음에서 다시 살아나셨다는 것은 사망을 폐하시고, 사망의 세력을 잡은 자 곧 마귀를 멸하셨다는 확실한 증거가 된다.   왜냐하면, 만일 예수님께서 마귀를 이기지 못하고 마귀를 멸하지 못하셨다면, 마귀가 왕 노릇 하고 마귀가 지키고 있는 사망의 감옥에서 살아나올 수 없었을 것이다.   그러므로 그리스도의 부활하심은 그리스도께서 사망의 세력을 잡은 자, 곧 마귀를 멸하시고 생명으로서 사망을 폐하신 확실한 증거가 된다(딤후1:10). 이렇게 그리스도께서 마귀를 멸하심으로 마귀에게 매여 일생동안 죽음의 공포에서 종노릇 하는 자들을 해방시켜 주셨다(히2:15).

(3) 마귀와 마귀의 일로부터 완전한 해방

하나님은 우리를 예수 그리스도를 통하여 마귀와 마귀의 일로부터 완전히 해방하셨다. 예수님께서 우리를 어떻게 마귀와 마귀의 일로부터 해방하였는지 간단하게 정리해 보자. 첫째로, 예수님께서 사망으로 말미암아 사망의 세력을 잡은 자 곧 마귀를 멸하심으로 우리를 마귀로부터 벗어나 자유롭게 하셨다. 마귀는 이제 예수 그리스도에 의하여 멸하여진 자요, 제거된 자이며 패한 적장이다. 마귀는 장차 산 채로 영원한 불 못에 던지어져 그곳에서 세세토록 고통을 당하게 된다(계20:10).

둘째로, 마귀의 자식이었던 죄의 옛사람은 그리스도 안에서 그리스도와 함께 십자가에 못 박혀 죽음으로써, 마귀의 자식이라는 신분을 끝내고 마귀의 자식으로부터 벗어나게 되었다. 그리스도와 함께 죽음으로써 마귀의 일에서도 벗어나게 되었다.

셋째로, 그리스도 안에서 그리스도와 함께 다시 살리심으로 마귀의 자식이 아닌 하나님의 자녀로 거듭나게 되었다. 하나님의 자녀마다 범죄치 아니하므로 마귀의 일에서도 온전히 벗어나 자유롭게 되었다. 여기서 하나님의 자녀란 하나님께로부터 다시 태어난 영, 곧 우리의 속사람을 가리켜 말하는 것이다. 하나님의 자녀는 범죄하지 아니하므로 다시 죄의 종이 되거나 마귀에게 속하는 일은 절대로 없다.

넷째로, 하나님께로부터 난 하나님의 자녀는 다 하나님께 속한 자요, 그리스도 안에 있는 자이다(요일5:19-20). 하나님의 자녀는 마귀에게 속한 자가 아니라 하나님께 속한 자이다. 하나님께 속한 자마다 우리 안에 계신 하나님으로 말미암아 이미 악한 자를 이긴 자이다(요일4:4, 2:13). 뿐만 아니라, 그리스도 안에 있는 우리를 악한 자가 만지지도 못하도록 우리 주 예수 그리스도께서 우리를 지켜주신다. 이로써, 하나님은 우리를 예수 그리스도를 통하여 마귀로부터 완전한 해방과 자유를 주셨다.

4) 율법과 율법의 저주에서 해방됨

"그리스도께서 우리를 위하여 저주를 받은바 되사 율법의 저주에서 우리를 속량하셨으니 기록된바 나무에 달린 자마다 저주 아래 있는 자라 하였음이라" (갈3:13),

"율법 아래 있는 자들을 속량하시고 우리로 아들의 명분을 얻게 하려 하심이라" (갈4:5),

(1) 이전의 율법과의 관계에서의 우리의 상태

① 율법의 저주 아래 있었다

"누구든지 율법 책에 기록된 대로 모든 일을 항상 행하지 아니하는 자는 저주 아래에 있는 자라 하였음이라" (갈3:10),

율법 아래 있는 자들은 율법 책에 기록된 대로 항상 율법을 다 지켜 행하여야 한다.

누구든지 율법 책에 기록된 대로 모든 일을 항상 행하지 아니하는 자는 율법에 의하여 저주를 받게 된다.

율법을 범한 죄인들에게 율법이 요구하는 최종선언은 단 하나이다. 그것은 율법을 범하였으니 율법의 저주를 받아 죽으라는 것이다. 하나님께 저주를 받아 죽을 자는 나무에 매달아 죽였다. 나무에 달려 죽은 자는 하나님께 저주를

받은 자이다(신21:23). 사람으로서 이 율법을 다 지킴으로
복을 받고 의롭다 하심을 얻어 살 수 있는 사람은 하나도
없다. 의인은 없나니 하나도 없으며 선을 행하는 자는 없나
니 하나도 없다. 죄로 인하여 마귀와 죄의 종이 되고, 하나
님과는 원수가 된 자들이 어찌 하나님의 거룩한 율법을 다
지킬 수 있겠는가?

이러한 죄인들은 하나님의 법에 굴복치 아니할 뿐만 아니
라 할 수도 없는 자들이다. 우리는 이렇게 하나님의 율법
을 범하므로 율법의 저주 아래 있게 되었다.

② 율법 아래 있었다.

"믿음이 오기 전에 우리는 율법 아래에 매인 바 되고 계시
될 믿음의 때까지 갇혔느니라" (갈3:23),

"무릇 율법이 말하는 것은 율법 아래 있는 자들에게 말하는
것이니" (롬3:19).

이전에 우리는 율법의 저주 아래 있을 뿐만 아니라 율법
아래 매여 있었다. 율법은 신령하고 의로운 법이지만, 율
법을 범할 경우에는 율법은 가차 없이 우리를 정죄하고 저
주하고 죽이는 엄한 법이다. 의문에 속한 율법은 살리는
법이 아니라 오히려 죽이는 법이다(고후3:6).

율법을 지키면 그 의로 인하여 살 수 있지만, 율법을 범할

경우에는 율법의 저주를 받아 죽는다. 율법은 애당초 이를 지킴으로 구원받으라고 주어진 법이 아니다. 율법을 다 지킴으로 그 의로 인하여 구원받을 사람은 하나도 없다.

율법은 본래 우리로 죄를 깨닫게 하여 그 죄로 인하여 율법의 저주를 받아 죽을 수밖에 없는 자신의 비참한 상태를 알게 하기 위하여 주어진 법이다.

사람은 근본적으로 선이나 의를 행할 수 없는 전적으로 부패한 죄인들이다. 이 사실을 사람들에게 보여 주어 하나님 앞에 행위로 의롭다 하심을 얻을 수 없음을 알게 하기 위하여 주어진 것이 바로 율법이다.

죄로 부패한 육체에 속한 사람은 그 행위로 하나님을 기쁘시게 할 수 없다. 이는 육체와 그 마음의 원하는 것을 따라 살아가는 자체가 하나님과 원수가 되기 때문이다.

하나님과 원수가 된 사람은 하나님의 법에 굴복하지도 아니할 뿐만 아니라 굴복할 수도 없다.

이러한 사람이 하나님을 기쁘시게 할 수 있겠는가?

이러한 사람들이 하나님의 선하고 의로운 법을 지킴으로 그 행위로 의롭다 하심을 얻어 살 수 있겠는가?

율법은 그것을 지켜 행하므로 그 의로 의롭다 하심을 얻어 살게 하려고 주어진 것이 아니다. 율법을 지킴으로 그 행위로 의롭다 하심을 얻어 구원받을 사람은 하나도 없다.
율법은 우리로 하여금 범죄를 더하게 하므로, 우리가 죄로
인하여 멸망할 수밖에 없는 죄인이라는 사실을 깨닫게 하
여 우리에게 구원의 길을 알려주기 위하여 주어진 것이다.
곧, 우리를 우리의 구원자이신 예수 그리스도에게로 인도하
여 그리스도를 통하여 구원받게 하기 위하여 주어진 몽학
선생이다(갈3:24).

율법 아래 있는 사람은 그 율법의 정죄와 저주로부터 벗어
날 수가 없다. 우리가 율법의 정죄와 저주로부터 벗어나기
위해서는 반드시 율법에서 벗어나야 한다.

율법 아래 있는 자는 절대로 구원받지 못한다.

그러면, 우리가 어떻게 율법과 율법의 저주에서 벗어날 수
있는지 하나씩 알아보자.

(2) 율법의 저주에서 속량 되다

"그리스도께서 우리를 위하여 저주를 받은바 되사 율법의
저주에서 우리를 속량하셨으니 기록된바 나무에 달린 자마다
저주 아래 있는 자라 하였음이라" (갈3:13).

율법의 저주 아래 있는 자들이 어떻게 율법의 저주에서 벗
어나게 되었는가?

그리스도께서 우리를 율법의 저주에서 속량하시기 위하여

우리를 대신하여 저주를 받아 십자가에 달려 돌아가셨다. 그리스도께서 우리 대신 율법의 저주를 받아 십자가에 못박혀 죽으심으로 우리를 율법의 저주에서 속량하신 것이다. 나무에 달려 죽은 자는 하나님께 저주를 받았음을 뜻한다 (신21:23). 그리스도는 우리 죄로 인하여 우리가 받아야 할 저주를 우리를 위하여 우리 대신 받으셨다.

그리스도를 통하여 저주를 받은 자는 더 이상 죄로 인하여 율법의 저주를 받지 아니한다. 이는 그리스도께서 우리 대신 받으신 저주로 말미암아 우리가 율법의 저주에서 해방되었기 때문이다. "그리스도께서 우리를 위하여 저주를 받은바 되사 율법의 저주에서 우리를 속량하셨으니". 우리는 이렇게 그리스도로 말미암아 율법의 저주에서 속량 되었다.

(3) 율법에서 해방되다

"율법 아래 있는 자들을 속량하시고 우리로 아들의 명분을 얻게 하려 하심이라" (갈4:5).

"이제는 우리가 얽매였던 것에 대하여 죽었으므로 율법에서 벗어났으니 이러므로 우리가 영의 새로운 것으로 섬길 것이요 율법 조문의 묵은 것으로 아니할지니라" (롬7:6).

율법 아래 있는 우리가 어떻게 율법에서 해방될 수 있는가? 율법은 사람이 살아있는 동안만 그를 주관한다.

남편 있는 여인이 그 남편 생전에는 법으로 그에게 매인 바 되지만, 만일 그 남편이 죽으면 남편의 법에서 벗어나게 된다. 만일 여인이 그 남편 생전에 다른 남자에게 가면 음녀가 되지만, 남편이 죽으면 그 남편의 법에서 자유케 되므로 다른 남자에게 갈지라도 음녀가 되지 않는다.

이같이 우리가 율법에서 벗어날 수 있는 유일한 길도 오직 내가 죽는 것밖에는 없다. 하나님은 율법 아래 있는 자들을 속량하시기 위하여 그리스도께서 십자가에 못 박혀 죽으실 때, 우리도 그와 함께 그 안에서 십자가에 못 박혀 죽게 하셨다. 죽은 자는 법에서 벗어나 자유롭게 된다.

　율법은 사람이 살 동안만 그를 주관한다.

그러므로 율법에서 벗어날 수 있는 유일한 길은 오직 내가 죽는 것뿐이다. 죽은 자는 그 법에서 벗어나 자유케 된다. 이는 죽음으로써 살았을 때의 모든 관계가 다 끝나기 때문이다. 죽은 자는 더 이상 율법과 아무런 상관이 없다.

하나님은 우리를 율법 아래에서 속량하시기 위하여 그리스도께서 십자가에 못 박혀 죽으실 때, 우리도 그와 함께 그 안에서 십자가에 못 박혀 죽게 하셨다(고후5:14, 갈2:20).

이렇게 우리가 그리스도로 말미암아 율법에 대하여 죽임을 당하므로 우리를 얽매였던 율법에서 벗어나 자유케 된 것이다(롬7:4, 6). 이제 우리는 그리스도로 말미암아 더 이상 율법 아래 있는 자가 아니다.

율법 아래 있는 자는 절대로 구원받지 못한다.

이는 우리가 율법을 범할 때마다 율법이 끊임없이 우리를 정죄하고, 그 죄로 말미암아 저주를 받아 죽어야 하기 때문이다. 그러나 이제 우리는 율법 아래 있는 자가 아니다. 그리스도로 말미암아 율법에 대하여 죽었으므로 율법에서 벗어나 자유롭게 되었다.

무릇 율법이 말하는 것은 율법 아래 있는 자들에게 말하는 것이다(롬3:19). 율법에서 벗어나 자유롭게 된 자들에게는 율법이 더 이상 그를 주관하지 못한다.

율법은 여전히 존재하지만 우리는 율법 아래 있는 자가 아니다. 우리는 그리스도와 함께 십자가에 못 박혀 죽음으로써 율법에서 벗어나 자유롭게 된 자들이다.

할렐루야! 이제 우리는 율법에서 해방되었다.

그러면 율법에서 해방된 자들은 이제 어떻게 살아가야 하는가?

(4) 율법에서 해방된 자들의 상태와 생활원칙

① 율법 아래 있지 아니하고 은혜 아래 있음

"믿음이 온 후로는 우리가 초등교사 아래에 있지 아니하도다" (갈3:25).

"죄가 너희를 주장하지 못하리니 이는 너희가 법 아래에 있지 아니하고 은혜 아래에 있음이니라" (롬6:14).

죄가 우리를 더 이상 주관하지 못하는 이유는 이제 우리가 율법 아래에 있지 아니하고 은혜 아래에 있기 때문이다. 은혜 아래 있는 자는 정죄함을 받지 아니한다. 이는 은혜 아래에서는 정죄하는 법이 아예 없기 때문이다. 그렇다고 우리가 죄를 범할 수 있겠는가? 그럴 수 없다. 죄에 대하여 죽은 우리가 어찌 죄 가운데 더 살 수 있겠는가? 율법에서 해방된 자는 더 이상 율법 아래 있지 않기 때문에 죄가 우리를 주관하지 못한다. 이는 우리가 율법에서 벗어나 자유케 되었기 때문이다. 무릇 율법이 말하는 것은 율법 아래 있는 자들에게 말하는 것이다. 율법에서 벗어난 자들에게 말하는 것이 아니다. 율법에서 벗어난 자는 더 이상 율법의 지배를 받지 아니한다. 율법은 여전히 존재하지만, 율법 아래 있지 아니한 자에게는 율법은 아무런 권한도 없고 정죄할 수도 없다.

그리스도 예수 안에 있는 자에게는 결코 정죄함이 없다.
이는 우리가 법 아래 있지 아니하고 은혜 아래 있기 때문
이다. 그러면 율법에서 벗어난 자들은 어떻게 하나님을 섬
겨야 하는가?

② 영의 새로운 것으로 하나님을 섬김

"이제는 우리가 얽매였던 것에 대하여 죽었으므로 율법에서
벗어났으니 이러므로 우리가 영의 새로운 것으로 섬길 것이요
율법 조문의 묵은 것으로 아니할지니라" (롬7:6).

이제 율법에서 벗어난 자들은 하나님을 섬기는 일에 있어
서도 달라져야 한다. 이전에는 율법 아래에서 율법 조문의
묵은 것으로 하나님을 섬겼지만, 이제는 영의 새로운 것으
로 하나님을 섬겨야 한다. 문자로 된 율법 조문은 정죄하
고 죽이는 것이지만 영은 살리는 것이다. 새 언약의 일군
된 자는 이제 영으로 그 직분을 감당해야 한다(고후3:6).
사도 바울은 그리스도의 일군으로서 오직 성령의 능력으로
그리스도의 복음을 전파하였다고 하였다(롬15:16-19).
또 자기 속에서 능력으로 역사하시는 이의 역사하심을 따
라 힘을 다하여 수고하였다고 하였다(골1:29). 우리에게
보내주신 하나님의 성령은 우리 안에서 우리를 영원히 떠
나지 아니하시고 능력으로 역사하신다. 성령은 우리 안에서

선한 일을 행할 수 있도록 능력을 주신다.

이제 우리가 하나님의 율례와 규례를 지켜 행할 수 있는 것은, 내 안에서 그것을 지켜 행할 수 있도록 능력을 주시는 하나님의 영으로 말미암아 지켜 행하는 것이다(겔36:27).

내 안에서 능력으로 역사하시는 성령으로 말미암아 하나님의 기쁘신 뜻을 행할 수 있게 된 것이다.

우리 안에서 우리로 소원을 두고 하나님의 기쁘신 뜻을 행하게 하시는 이는 바로 하나님의 성령님이시다(빌2:13).

그러므로 내 안에서 능력으로 역사하시는 성령을 따라 성령으로 행하라. 그리하면 육체의 욕심을 이루지 아니하고 하나님의 뜻을 이루게 된다.

이제 그리스도로 말미암아 율법에서 벗어난 자들은 문자로 된 율법 조문의 묶은 것으로 인하여 하나님을 섬기는 것이 아니라, 영의 새로운 것을 쫓아 하나님을 섬기어야 한다.

성령은 우리 안에서 우리를 가르치시고, 하나님의 말씀이 생각나게 하심으로 우리를 진리 가운데로 인도하신다.

성령의 인도하심을 따라 성령으로 행하는 자는 율법 아래 있지 아니한 자이다(갈5:18).

이제 우리는 우리 안에서 하나님의 뜻대로 능력으로 역사하시는 성령을 쫓아 성령으로 행하는 자들이 되어야 한다.

6. 하나님의 자녀로 거듭남

1) 거듭남의 근거 - 그리스도의 부활하심

"우리 주 예수 그리스도의 아버지 하나님을 찬송하리로다, 그의 많으신 긍휼대로 예수 그리스도를 죽은 자 가운데서 부활하게 하심으로 말미암아 우리를 거듭나게 하사 산 소망이 있게 하시며" (벧전1:3).

우리가 어디에 근거해서 거듭나게 되었는가?

우리가 거듭나게 된 것은 그리스도의 부활하심으로 말미암아 된 것이다. 그리스도의 부활이 없었다면 우리의 영적인 부활 곧 거듭남도 없었을 것이다.

그리스도의 부활하심으로 말미암아 우리가 그리스도 안에서 그리스도와 함께 다시 살리심을 받았다.

이것이 바로 우리의 영적인 부활 곧 거듭남이다.

그리스도의 죽으심과 부활하심은 나를 대신하여 일어난 사건인 동시에 모든 사람을 대표해서 일어난 구원의 사건이다. 우리는 그리스도 안에서 그리스도와 함께 죽고 그리스도와 함께 다시 살리심을 받은 자이다.

우리는 그리스도께서 우리를 위하여 십자가에 못 박혀 죽으실 때, 그리스도 안에서 그리스도와 함께 십자가에 못 박혀 죽었다(롬6:4-6, 갈2:20).

그리고 그리스도의 부활하심으로 말미암아 그리스도 안에서 그와 함께 다시 살리심을 받았다(골2:13, 3:1).

그리스도 안에서 그리스도와 함께 죽지 아니한 자는 그리스도와 함께 다시 살아날 수가 없다.

죽지도 아니한 자가 어찌 다시 살아날 수가 있겠는가?

우리는 그리스도께서 죽으실 때 그리스도 안에서 그와 함께 죽고, 그리스도의 부활하심을 통하여 그리스도와 함께 다시 살리심을 받았다.

이 사실을 사실 그대로 믿고 마음으로 받아들일 때, 성령께서 실제로 그 사실 그대로 그에게 적용하여 그리스도의 부활하심을 통하여 내가 그리스도와 함께 다시 살리심을 받은 것이다(골2:12).

그리스도 안에서 그리스도와 함께 다시 살아나심, 이것이 바로 거듭남이다.   그러므로 그리스도의 부활하심이 바로 우리의 거듭남의 근거이다.

   2) 거듭남이란 무엇인가?

 거듭남이란 그 특징에 따라서 다른 표현들로 나타난다.

첫째로, 거듭남이란 영적인 부활을 의미한다.

거듭남은 그리스도 안에서 그리스도와 함께 다시 살리심을 받는 것이다.

"그러므로 너희가 그리스도와 함께 다시 살리심을 받았으면 위의 것을 찾으라"(골3:1).

우리는 그리스도 안에서 그리스도와 함께 죽고 그리스도 안에서 새 생명을 가진 새사람으로 그리스도와 함께 다시 살리심을 받았다. 우리를 그리스도와 함께 십자가에 못 박혀 죽게 하시고 그리스도와 함께 다시 살리신 이는 하나님이시다(골2:13). 이제 그리스도와 함께 다시 살리심을 받은 자는 마땅히 땅의 것을 생각하지 말고, 위의 것을 생각하고 위의 것을 찾으며 살아가야 한다.

둘째로, 거듭남이란 그리스도 안에서 영적인 재창조를 의미한다.

곧 그리스도 안에서 새로 지으심을 받은 새사람을 뜻한다.

"그런즉 누구든지 그리스도 안에 있으면 새로운 피조물이라 이전 것은 지나갔으니 보라 새것이 되었도다"(고후5:17).

"할례나 무할례가 아무것도 아니로되 오직 새로 지으심을 받은 자뿐이니라"(갈6:15).

우리 옛사람은 이미 그리스도께서 십자가에 죽으실 때, 그리스도 안에서 그리스도와 함께 십자가에 못 박혀 죽었다.
그리고 하나님을 따라 의와 진리의 거룩함으로 지으심을
받은 새사람으로 다시 살아났다. 그러므로 이제 새사람은
옛사람과 그 행위를 벗어버리고 성령의 새롭게 하심을 따
라 의와 진리의 거룩함으로 살아가야 한다.
새사람이라는 표현 역시 거듭남의 또 다른 표현이다.

셋째로, 거듭난 자란 하나님께로부터 난 자 곧 하나님의
자녀를 의미한다.
"예수께서 그리스도이심을 믿는 자마다 하나님께로부터 난
자니"(요일5:1).
거듭난다는 것은 물과 성령으로 다시 태어나는 것을 뜻한
다. 또한 성령으로 난다는 말은 하나님께로부터 나는 것을
의미한다(요1:13). 하나님께로부터 나지 아니한 자는 하나
님의 자녀가 될 수 없다. 하나님의 자녀가 되기 위해서는
반드시 하나님께로부터 다시 태어나야 한다.
하나님께로부터 다시 태어난 하나님의 자녀를 가리켜 성령
으로 거듭났다고 말하는 것이다.
"육으로 난 것은 육이요 성령으로 난 것은 영이니"(요3:6).
하나님의 자녀란 하나님으로부터 난 영 곧 속사람을 가리
켜 말하는 것이다.

3) 우리가 어떻게 하나님의 자녀가 될 수 있는가?

(1) 하나님의 자녀로 거듭나다

"영접하는 자 곧 그 이름을 믿는 자들에게는 하나님의 자녀가 되는 권세를 주셨으니 이는 혈통으로나 육정으로나 사람의 뜻으로 나지 아니하고 오직 하나님께로부터 난 자들이니라"(요1:12-13).

하나님의 자녀가 되기 위해서는 반드시 하나님께로부터 다시 태어나야 한다. 누구든지 하나님께로부터 태어난 자가 아니면 그는 하나님의 자녀가 아니다.

오직 하나님께로부터 태어난 자라야 하나님의 자녀이다.

마귀의 자식이었던 옛사람은 그리스도께서 우리를 위하여 십자가에 못 박혀 죽으실 때, 그리스도 안에서 그리스도와 함께 이미 십자가에 못 박혀 죽었다.

그리고 그리스도께서 죽은 자 가운데서 다시 살아나실 때, 우리도 그 안에서 그와 함께 다시 살리심을 받았다.

우리가 그리스도와 함께 다시 살아날 때, 그때에 우리가 그리스도 안에서 성령으로 말미암아 다시 태어난 것이다.

이것이 바로 우리의 거듭남이다.

하나님께서 우리를 그리스도 안에서 그리스도의 부활하심으로 말미암아 그리스도와 함께 다시 살리심으로 우리를 거듭나게 하셨다. 하나님께로부터 다시 태어나는 일은 성령으로 말미암아 되는 것이다. 그러므로 하나님께로부터 난 자라는 말은 성령으로 말미암아 난 자라는 말이다. 곧 성령께서 우리를 낳으셨다는 말이다.

육으로 난 것은 육이요 성령으로 난 것은 영이다(요3:6). 우리가 하나님께로부터 성령으로 난 것은 육이 아니라 속사람인 영이다. 우리는 이미 그리스도의 부활하심으로 말미암아 그 안에서 하나님께로부터 태어난 하나님의 자녀이다. 거듭남은 이렇게 하나님께서 우리를 하나님의 자녀가 되게 하기 위하여, 그리스도 안에서 성령으로 말미암아 우리를 하나님의 자녀로 다시 태어나게 하신 것이다.

(2) 믿음으로 말미암아 하나님의 자녀가 됨

"너희가 거듭난 것은 썩어질 씨로 된 것이 아니요 썩지 아니할 씨로 된 것이니 살아있고 항상 있는 하나님의 말씀으로 되었느니라" (벧전1:23).

"너희가 다 믿음으로 말미암아 그리스도 예수 안에서 하나님의 아들이 되었으니" (갈3:26).

우리가 실제로 어떻게 하나님의 자녀로 거듭나게 되는가? 우리가 거듭나게 되는 것은 하나님께서 증거하시는 거듭남에 대한 그 말씀을 통해서이다. 그러므로 너희가 거듭난 것은 하나님의 말씀으로 말미암아 되었다고 하였다.

하나님은 우리에게 거듭남에 대한 사실을 증거하심으로써, 그 말씀을 통하여 그 사실 그대로 믿음으로 우리를 실제로 거듭나게 하신다.

하나님께서 증거하시는 말씀이 없으면 우리가 어떻게 거듭남에 대한 사실을 알 수 있겠는가? 우리가 거듭나게 된 것은 거듭남에 대한 하나님의 말씀에 근거한 것이다.

하나님께서 "그리스도의 부활하심으로 말미암아 우리를 거듭나게 하사"라고 증거하시는 그 사실에 근거하여, 하나님께서 우리를 거듭나게 하셨음을 믿는 것이다.

하나님의 말씀 하신 사실을 그대로 믿을 때, 그 사실 그대로 우리에게 실상으로 이루어져 우리가 그리스도 안에서 실제로 거듭나게 되는 것이다.

이것이 바로 믿음의 기능이다. 믿음은 믿는 그대로 내 안에서 실상으로 이루어지게 하는 기능이 있다.

하나님은 우리를 그리스도의 부활하심으로 말미암아 그 안에서 그와 함께 다시 살리셨다.

곧 우리를 그 안에서 이미 거듭나게 하셨다(벧전1:3).

이 사실을 하나님의 말씀을 통하여 그 사실 그대로 믿을 때, 그 사실 그대로 우리에게 이루어져 우리가 그리스도 안에서 실제로 거듭나게 되는 것이다(골2:12).

믿음은 이미 그리스도 안에서 실제로 이루어진 사실을 그대로 믿고 받아들이는 것이다. 그리할 때, 그리스도 안에서 이미 실제로 일어난 사실이 내게 그대로 적용되어 내 안에서 실상으로 이루어짐으로 내가 실제로 거듭나게 되는 것이다. 그러므로 우리가 거듭나게 된 것은 하나님의 말씀을 믿음으로 성령으로 말미암아 거듭나게 된 것이다.

4) 우리가 거듭난 하나님의 자녀인 증거

그러면 우리가 하나님께로부터 태어난 하나님의 자녀란 증거는 무엇인가? 무엇을 보고 우리가 하나님의 자녀인 것을 알 수 있는가? 우리가 하나님께로부터 태어난 하나님의 자녀 된 증거는 두 가지가 있다.

(1) 하나님 아들의 영이 그 안에 거함

하나님의 자녀들에게는 하나님께서 보내주신 하나님의 아들의 영이 그 안에 있다.

"너희가 아들이므로 하나님이 그 아들의 영을 우리 마음 가운데 보내사 아빠 아버지라 부르게 하셨느니라"(갈4:6).

하나님의 아들에게는 하나님께서 그 아들의 영을 우리 마음 가운데 보내주셨다. 하나님의 아들의 영 곧 성령께서 그 안에 있는 자는 다 하나님의 자녀이다. 반면에 하나님의 아들의 영이 그 안에 없는 자는 하나님의 자녀가 아니다. 하나님은 하나님의 자녀들에게 하나님의 자녀라는 표시로 그 아들의 영, 곧 성령을 우리 마음 가운데 보내주셨다. 그러므로 하나님의 아들의 영이 그 안에 있는 자는 다 하나님의 자녀이다.

그뿐만 아니라 성령은 우리 안에서 우리 영으로 더불어 우리가 하나님의 자녀인 것을 친히 증거 하신다(롬8:16).

하나님의 아들의 영이 그 안에 있는 자는 하나님의 아들인 고로 당연히 하나님을 아빠 아버지라고 부르게 된다.

(2) 예수께서 그리스도이심을 믿는 그 믿음

"예수께서 그리스도이심을 믿는 자마다 하나님께로부터 난 자니" (요일5:1).

우리가 하나님께로부터 난 하나님의 자녀인 것을 무엇을 보고 알 수 있는가?

그것은 바로 예수께서 그리스도이심을 믿는 그 믿음이다.

예수께서 그리스도이심을 믿는 자마다 그는 하나님께로부터 난 하나님의 자녀이다. 우리가 하나님의 자녀라는 외적인 유일한 증거는 바로 예수께서 그리스도이심을 믿는 그 믿음뿐이다. 만일 아직도 예수께서 그리스도이심을 믿지 못하는 자가 있다면 그는 아직 거듭나지 못한 자이다.

하나님께로부터 난 자는 예수님을 보지 못하였으나 믿고 사랑하며, 말할 수 없는 영광스러운 즐거움으로 기뻐하며 감사하게 된다. 이는 믿음의 결국 곧 영혼의 구원을 받았기 때문이다(벧전1:8-9).

이처럼 우리가 구원받은 하나님의 자녀라는 확실한 증거는 바로 예수님께서 그리스도이심을 믿는 그 믿음뿐이다.

5) 하나님의 자녀의 특징

하나님의 자녀에게만 나타나는 특징은 무엇인가?
이에 대해서는 몇 가지만 간략하게 살펴보고자 한다.

(1) 하나님의 자녀는 범죄하지 않는다

"하나님께로부터 난 자마다 죄를 짓지 아니하나니 이는 하나님의 씨가 그의 속에 거함이요, 그도 범죄하지 못하는 것은 하나님께로부터 났음이라" (요일3:9).

하나님께로부터 난 하나님의 자녀는 죄를 짓지 아니한다.
아니 근본적으로 죄를 지을 수가 없다.
여기서 하나님께로부터 난 자라는 말은 성령으로 말미암아 거듭난 영, 곧 속사람을 가리켜 말하는 것이다.

"육으로 난 것은 육이요 성령으로 난 것은 영이니"(요3:6).
이는 아담 안에 있었던 옛사람을 말하는 것이 아니라, 그리
스도 안에서 새로 지으심을 받은 새사람을 뜻하는 것이다.
왜 하나님께로부터 난 자마다 범죄하지 못하는가?
여기에는 근본적인 이유 몇 가지가 있다.

첫째로, 하나님의 자녀는 죄에 대하여 죽은 자이기 때문
이다.
"그럴 수 없느니라, 죄에 대하여 죽은 우리가 어찌 그 가운데
더 살리요" (롬6:2).

우리 옛사람은 이미 그리스도 안에서 그리스도와 함께 십
자가에 못 박혀 죽었다(롬6:6, 갈2:20).
이제 하나님의 자녀로 거듭난 자는 죄에 대하여 죽은 자이
다. 죽은 자는 더 이상 죄를 지을 수가 없다. 죄와의 모든
관계가 다 끝났다. 더 이상 죄 아래에 있는 자가 아니다.
죽은 자는 이미 죄에서 벗어나 죄로부터 자유롭게 되었다.
죽은 자가 어찌 죄를 지을 수가 있겠는가?
죽은 자는 죄와는 전혀 상관이 없는 자이다. 이제 하나님
의 자녀는 죄에게서 해방되고 하나님께 종이 된 자들이다.
곧 죄에 대하여는 죽은 자요 하나님께 대하여는 산 자이다.
죄에 대하여 죽은 자는 더 이상 죄를 지을 수가 없다.

둘째로, 하나님의 자녀는 율법 아래 있지 아니하기 때문이다.

"죄가 우리를 주장하지 못하리니 이는 너희가 법 아래에 있지 아니하고 은혜 아래에 있음이라" (롬6:14).

하나님의 자녀는 율법 아래 있지 아니하고 은혜 아래 있는 자이다. 율법 아래 있는 자는 절대로 구원받지 못한다.

이는 율법의 저주 아래 있기 때문이다.

하나님의 자녀는 율법 아래 있지 아니하고 은혜 아래에 있다. 율법은 정죄하고 저주하고 죽이는 법이지만, 은혜는 정죄하고 죽이는 법이 아니다.

은혜에는 정죄하거나 죽이는 조항이 아예 없다.

우리는 그리스도 안에서 그리스도와 함께 죽음으로써 이미 율법에서 벗어나 자유케 되었다(롬7:6).

율법에 대하여 죽은 자는 더 이상 율법이 주관하지 못한다. 율법은 여전히 존재하지만, 우리는 더 이상 정죄하고 죽이는 율법 아래 있지 아니하다.

율법이 말하는 것은 율법 아래 있는 자들에게 말하는 것이다(롬3:19).

율법에서 벗어나 율법 아래 있지 아니한 자들에게는 율법은 아무런 효력도 없고 아무 상관도 없다.

우리는 그리스도 안에서 그리스도와 함께 죽음으로써 이미 율법에서 벗어나 자유롭게 되었다. 우리는 율법 아래 있지 않기 때문에 율법에 의하여 다시 정죄 받거나 저주받는 일은 절대로 없다.

셋째로, 하나님께로부터 나신 자가 우리를 지켜주시기 때문이다.

"하나님께로부터 난 자는 다 범죄하지 아니하는 줄을 우리가 아노라, 하나님께로부터 나신 자가 그를 지키시매 악한 자가 그를 만지지도 못하느니라, 또 아는 것은 우리는 하나님께 속하고 온 세상은 악한 자 안에 처한 것이며"(요일5:18-19),

하나님의 자녀는 하나님께로부터 나신 자 곧 하나님의 아들 예수 그리스도께서 지켜주신다.

가인은 악한 자에게 속하여 그 아우 아벨을 죽이는 살인죄를 범하였다(요일3:12).

그러나 하나님의 자녀는 하나님께 속하였기 때문에 범죄하지 아니할 뿐만 아니라, 그리스도께서 우리를 지키시매 악한 자가 만지지도 못한다. 내가 나를 지키는 것이 아니라 마귀와 마귀의 일을 멸하신 그리스도께서 우리를 지켜주시는 것이다.

그러므로 우리는 그리스도로 말미암아 범죄하지 않게 된다.

넷째로, 이제 우리는 하나님께로부터 거듭난 하나님의 자녀가 되었기 때문이다.

"하나님께로부터 난 자마다 죄를 짓지 아니하나니 이는 하나님의 씨가 그의 속에 거함이요, 그도 범죄하지 못하는 것은 하나님께로부터 났음이라" (요일3:9),

하나님의 자녀가 범죄하지 못하는 것은 그가 하나님께로부터 났기 때문이다.

하나님의 자녀는 그 안에 하나님의 생명을 가지고 하나님께로부터 태어난 자이다. 하나님의 생명은 범죄하지 않는 거룩하고 완전한 영원한 생명이다.

하나님의 생명은 하나님의 성품으로 충만한 생명이다. 하나님의 생명을 가진 하나님의 자녀가 범죄할 수 있겠는가?

여기서 말하는 하나님의 자녀란 육으로 난 옛사람을 가리켜 말하는 것이 아니다. 하나님의 자녀란 성령으로 거듭난 영 곧 속사람을 가리켜 하는 말이다.

"육으로 난 것은 육이요 성령으로 난 것은 영이니"(요3:6).

하나님의 자녀로 거듭난 속사람은 절대로 범죄하지 못한다.

(2) 하나님의 자녀는 선한 일을 행함

"우리는 그의 만드신 바라 그리스도 예수 안에서 선한 일을 위하여 지으심을 받은 자니 이 일은 하나님이 전에 예비하사 우리로 그 가운데서 행하게 하려 하심이니라"(엡2:10).

이전에 죄 아래 있었던 옛사람은 선이나 의를 전혀 행할 수 없는 육신에 속한 사람이었다.

"의인은 없나니 하나도 없으며……선을 행하는 자는 없나니 하나도 없도다"(롬3:10-12).

육신에 속한 사람은 절대로 하나님을 기쁘시게 할 수 없다. 이는 육신의 생각은 하나님과 원수가 되기 때문이다.

그러나 이제 우리는 그리스도 안에서 성령의 새롭게 하심으로 새로운 피조물이 되었다(고후5:17).

곧 그리스도 안에서 선한 일을 위하여 새로 지으심을 받은 새사람이 된 것이다. 이는 우리가 그리스도 안에서 하나님을 따라 의와 진리의 거룩함으로 지으심을 받은 새사람이 된 것을 의미한다(엡4:24).

이제 새로 지으심을 받은 하나님의 자녀는 선한 일을 행할 수 있게 되었다. 하나님은 우리를 근본적으로 선한 일을 행할 수 있도록, 우리를 그리스도 안에서 전혀 새로운 새사람으로 새로 지으신 것이다.

이제 우리는 이전에 선을 행할 수 없었던 육신에 속한 죄의 옛사람이 아니다. 이제는 그리스도 안에서 선한 일을 행할 수 있는 온전한 새사람이 된 것이다.

뿐만 아니라, 하나님의 자녀에게는 하나님의 기쁘신 뜻을 능히 행할 수 있도록 그 마음 가운데 하나님의 성령을 보내주셨다. 성령은 우리 안에서 능력으로 역사하여 우리로 하나님의 뜻을 행하게 하신다.

우리 안에서 우리로 소원을 두고 하나님의 기쁘신 뜻을 행하게 하시는 이는 바로 하나님이시다(빌2:13).

하나님은 우리에게 보내주신 성령을 통하여 우리 안에서 우리로 하나님의 뜻을 행하게 하신다. 우리가 주의 율례와 규례를 지켜 행하게 되는 것도 바로 성령께서 우리 안에서 하나님의 말씀대로 행하게 하시기 때문이다(겔36:27).

하나님은 우리로 선한 일을 행할 수 있도록 그리스도 안에서 완전한 새사람으로 새로 만들어주셨다.

그리고 성령을 우리 마음 가운데 보내사 성령으로 말미암아 하나님의 기쁘신 뜻을 행하게 하심으로, 선한 일에 열매를 맺어 하나님의 영광과 찬송이 되게 하신 것이다.

"모든 선한 일에 너희를 온전케 하사 자기 뜻을 행하게 하시"는 하나님께 감사와 영광을 돌립니다(히13:21).

(3) 하나님과 하나님의 자녀들을 사랑하게 됨

"예수께서 그리스도이심을 믿는 자마다 하나님께로부터 난 자니 또한 낳으신 이를 사랑하는 자마다 그에게서 난 자를 사랑하느니라"(요일5:1).

① 자기를 낳으신 하나님을 사랑하게 됨

구원받기 이전의 우리는 하나님을 알지도 못하였고 하나님을 사랑하지도 않았다. 그러나 그리스도 안에서 하나님의 자녀로 다시 태어난 이후에는 모든 것이 완전히 달라졌다. 이제는 하나님 없이는 단 하루도 살 수가 없고, 하나님을 사랑하지 않고서는 마치 메마른 땅에 심겨진 나무와 같이, 시냇물이 없어 갈급한 아기 사슴같이 살 수가 없는 자들이 되었다. 우리가 하나님을 사랑하게 되는 것은 하나님께서 먼저 우리를 사랑하셨기 때문이다. "우리가 사랑함은 그가 먼저 우리를 사랑하셨음이라"(요일4:19).

하나님의 사랑이 우리로 하나님을 사랑하도록 이끄는 것이다. 하나님께서 우리를 사랑과 은혜로 구원하신 목적이 바로 여기에 숨겨져 있다.

하나님은 우리가 억지로나 강제로, 혹은 마지못해 의무적으로 하나님을 사랑하는 것을 원하지 아니하신다.

하나님은 우리가 자발적으로, 마음에 감사함이 넘쳐서 큰 기쁨과 즐거움으로 하나님을 사랑하기를 원하신다.

하나님은 우리가 하나님을 사랑할 수 있도록, 하나님의 성령으로 말미암아 우리를 향하신 하나님의 사랑을 보게 하시고, 알게 하시고, 친히 느끼고 체험하게 하신다.

그리하여 하나님의 사랑에 감격하여 그 사랑에 이끌려, 우리가 마음을 다하고 힘을 다하고 뜻을 다하여 주 우리의 하나님 아버지를 경외하며 존중하며 사랑하게 되는 것이다.

그러면, 우리가 하나님을 사랑하고 있는지 어떻게 알 수 있는가?

사랑은 반드시 그 행함으로 나타나게 된다. 행위나 표시가 없는 사랑은 말뿐인 거짓된 사랑이다. 우리가 하나님을 사랑하는 것은 하나님께서 우리에게 주신 계명들을 지키는 것으로 나타난다. 그의 계명은 무거운 것이 아니다.

그의 계명은 형제를 사랑하라는 것이다. "하나님을 사랑하는 것은 이것이니 우리가 그의 계명들을 지키는 것이라 그의 계명들은 무거운 것이 아니로다"(요일 5:3).

"그의 계명은 이것이니 곧 그 아들 예수 그리스도의 이름을 믿고 그가 우리에게 주신 계명대로 서로 사랑할 것이니라"(요일3:23). 하나님을 사랑하는 것은 그 형제를 사랑하는 것으로 나타난다. 그러므로 눈에 보이는 형제를 사랑하는 것이 바로 하나님을 사랑하는 것이다(요일4:21).

② 우리를 구원하신 예수 그리스도를 사랑하게 됨

"예수를 너희가 보지 못하였으나 사랑하는도다, 이제도 보지 못하나 믿고 말할 수 없는 영광스러운 즐거움으로 기뻐하니 믿음의 결국 곧 영혼의 구원을 받음이라" (벧전1:8-9).

왜 우리가 예수 그리스도를 보지 못하였으나 그를 기뻐하며 사랑하게 되는가? 이는 우리가 예수 그리스도로 말미암아 구원받았기 때문이다. 예수님은 우리를 죄와 사망에서 구원하시기 위하여 자신을 버리셨다. 곧 우리 죄를 위하여 자신을 속죄 제물로 하나님께 드리신 것이다(엡5:2). 이로 인하여 우리가 죄에서 사함 받고 구원받게 되었다.

우리를 위하여 자신을 버리신 이 구속의 사랑이 우리를 강권하여 우리로 하여금 그리스도를 사랑하며, 그리스도를 위하여 살게 하는 것이다(고후5:14).

이제 그리스도 예수의 사람들은 누구든지 자기를 위하여 사는 자도 없고 자기를 위하여 죽는 자도 없다.

우리가 살아도 주를 위하여 살고, 죽어도 주를 위하여 죽는다(롬14:7-8). 이는 그리스도의 구속의 사랑이 우리 안에서 우리를 그렇게 살도록 강권하기 때문이다. 그러므로 하나님의 뜻대로 부르심을 입어 구원받은 하나님의 자녀들은 다 하나님과 우리 주 예수 그리스도를 사랑하게 되는 것이다.

③ 하나님께로부터 난 자, 곧 그 형제들을 사랑하게 됨

"예수께서 그리스도이심을 믿는 자마다 하나님께로부터 난 자니 또한 낳으신 이를 사랑하는 자마다 그에게서 난 자를 사랑하느니라" (요일5:1).

하나님은 하나님의 자녀들이 형제들 간에 서로 사랑하는 것을 매우 기뻐하신다. 그러므로 하나님을 사랑하는 자는 또한 그 형제를 사랑하라고 하셨다(요일4:10). 하나님을 사랑한다고 하면서 보이는바 그 형제를 사랑하지 아니하는 자는 하나님을 사랑하는 것이 아니다. 하나님을 사랑하는 자는 하나님께로부터 난 그 형제를 사랑하게 된다.

그러면, 우리가 어떻게 형제를 사랑하게 되는가?
하나님은 우리가 형제들을 사랑할 수 있도록 우리에게 보내주신 성령으로 말미암아 하나님의 사랑을 우리 마음에 부어주셨다. "소망이 우리를 부끄럽게 하지 아니함은 우리에게 주신 성령으로 말미암아 하나님의 사랑이 우리 마음에 부은 바 됨이니"(롬5:5).
하나님께서 보내주신 성령께서 그 안에 계시는 자는 성령으로 말미암아 하나님의 사랑이 이미 그 마음에 부은 바

된 것이다. 이 사실을 확실히 믿어야 한다.

이렇게 하나님께서 우리 마음에 부어주신 그 하나님의 사랑으로 형제를 사랑하라는 것이다. 그러므로 하나님의 사랑으로 형제를 사랑하는 것은 결코 무거운 것이 아니다.

이제 우리는 우리 마음에 부어주신 하나님의 사랑으로 형제와 이웃을 사랑할 수 있게 되었다.

그러면 형제를 사랑하는 그 사랑은 어떻게 나타나는가? "자녀들아 우리가 말과 혀로만 사랑하지 말고 행함과 진실함으로 하자"(요일3:18). 우리 안에 있는 사랑은 행함과 진실함으로 표현되고 나타나야 한다. 행위나 표시가 없는 말로만 하는 사랑은 허울뿐인 거짓된 사랑이 되기 쉽다.

진정한 사랑은 자기희생과 사랑의 수고를 통해서 나타난다. 자기를 희생하지 아니하고, 자기의 소유를 희생하지 아니하고서는 진정한 사랑을 베풀 수 없다.

사랑은 자기의 유익을 구하는 것이 아니라, 사랑하는 자의 유익을 구하는 것이다. 사랑은 나의 기쁨이나 나의 행복을 위한 것이 아니다. 사랑은 사랑하는 자의 기쁨과 사랑하는 자의 행복을 위한 것이다. 나의 행위로 사랑하는 자가 기뻐하고, 만족하고, 행복하면 그것으로 족한 것이다.

더 이상 아무것도 바라지 않고, 아무런 댓가도 바라지 않는

다. 사랑은 자기를 위한 것이 아니라, 온전히 사랑하는 자를 위한 것이다. 자기를 위한 것이 단 1%만 섞여 있어도 그 사랑은 온전한 사랑이 아니다.

또한, 진정한 사랑은 하지 않아도 될 일을 하게 한다. 이러한 일은 하지 않아도 되지만, 누군가는 해야 되는 선한 일이다. 사랑은 누군가는 해야 될 일을 아무런 댓가 없이, 오히려 자신의 시간과 비용을 들여가며 힘들게 수고하며 그 일을 하게 한다. 이는 사람이 시켜서 하는 일이 아니다. 무엇을 바라고 하는 것도 아니다.

이는 다만, 그 안에 있는 하나님의 사랑이 그를 강권하므로 그 사랑에 이끌려 사랑으로 그러한 일을 하게 되는 것이다. 이렇게 성령으로 말미암아 우리 마음에 부은 바 된 하나님의 사랑이 우리를 사랑의 사람이 되게 하는 것이다.

사랑은 이제 믿음과 더불어 하나님의 자녀들의 행동 원리가 되었다(고전16:14). 그러므로 이제 성령으로 말미암아 우리 마음에 부어주신 하나님의 사랑으로 형제와 이웃과 모든 만물을 사랑하며 살아가자.

(4) 세상을 이기게 됨

"무릇 하나님께로부터 난 자마다 세상을 이기느니라 세상을 이기는 승리는 이것이니 우리의 믿음이니라, 예수께서 하나님의 아들이심을 믿는 자가 아니면 세상을 이기는 자가 누구냐" (요일5:4-5).

하나님의 자녀의 승리의 삶에 대해서는 이곳에서 다 논하기란 그 내용이 너무 방대하다. 여기서는 본문 중심으로 일부분만을 간단하게 말하고자 한다.

이 세상에서의 하나님의 자녀들의 삶은 싸움의 연속이라고 할 수 있다. 그 이유는 구원받은 하나님의 자녀들이 가는 생명의 길을, 가지 못하도록 방해하고 가로막는 대적자 마귀가 있기 때문이다.

우리의 싸움은 혈과 육에 속한 사람들에 대한 것이 아니다. 우리의 싸움의 대상은 바로 눈에 보이지 않는 악한 영들과 이 어두움의 세상 주관자인 마귀이다(엡6:12). 마귀는 온 천하를 꾀는 자로서 간사하고 악한 잔꾀가 많은 자이다.

이러한 마귀의 악한 궤계를 능히 대적하기 위해서는 하나님의 전신 갑주를 입고 항상 깨어있어야 한다.

하나님께로부터 난 자마다 세상을 이긴다고 하였다. 그러면 세상을 이긴다는 말은 무엇인가?

세상을 이긴다는 말은 세상으로부터 오는 온갖 시험과 고난과 유혹을 이긴다는 말이다. 다시 말해서 세상의 그 어떠한 시험과 고난과 유혹에도 절대로 범죄하지 않는 것을 말한다. 이 세상은 악한 자, 곧 마귀에게 처하였다(요일5:19). 그러므로 세상으로부터 오는 온갖 시험과 고난과 유혹은 바로 마귀로부터 오는 것이다. 우리가 세상의 시험과 고난과 유혹과 싸우는 것은 실상은 마귀와 싸우는 것이다.

마귀를 이기기 위해서는 반드시 마귀의 시험과 유혹을 이기어야 한다. 마귀의 시험과 유혹을 이기지 못하고 마귀의 의도대로 죄를 짓는 것은 다 마귀에게 지는 것이다.

그러나 마귀의 의도와는 정반대로 죄를 짓지 않는 것이 바로 마귀를 이기는 것이다. 그러므로 마귀를 이긴다는 말은 마귀의 어떠한 시험과 유혹에도 결코 범죄하지 않는 것을 말한다.

① 마귀의 시험과 유혹을 어떻게 이길 수 있는가?
첫째로, 마귀의 시험과 유혹을 이기기 위해서는 우리의 마음과 입술을 잘 지키어야 한다.

마귀가 세상으로부터 주는 시험과 고난이 힘들고 어렵다고 해서 하나님을 향하여 어리석게 원망하여서는 안 된다.

하나님을 원망하는 것은 입술로 하나님께 범죄하는 것이다.

그러므로 마귀의 시험과 고난을 당할 때, 절대로 하나님을 향하여 어리석게 원망하지 말라. 그것이 바로 하나님께 범죄하지 않는 것이요, 그것이 바로 마귀를 이기는 것이다. "이 모든 일에 욥이 범죄치 아니하고 하나님을 향하여 어리석게 원망하지 아니하니라"(욥1:22).

둘째로, 승리에 대한 확신을 가지라

우리의 싸움은 혈과 육에 속한 사람들과의 싸움이 아니다. 우리의 싸움은 마귀와의 영적인 전쟁이다.

마귀와의 싸움에서 승리는 우리 손에 달려있는 것이 아니라, 오직 하나님께 달려 있다.

하나님께서 이기게 하셔야 마귀를 이길 수 있는 것이다.

전능하신 하나님께서 함께하시는 자는 아무도 당할 자가 없다(수1:5).

우리는 하나님께서 함께하시는 하나님께 속한 하나님의 자녀들이다. 하나님께 속한 자들은 다 그 안에 계시는 하나님으로 말미암아 이미 악한 자를 이긴 자들이다(요일4:4).

하나님께서 함께하시는 자를 누가 능히 당할 수 있겠는가? 하나님께서 함께하시는 자는 어디를 가든지, 무슨 일을 만나든지 하나님께서 이기게 하심으로 모든 것을 능히 이긴다(삼하8:6, 14). 그러므로 마귀가 주는 시험이나 고난을 두려워하지 말라. 하나님께서 능히 감당하게 하신다.

모든 일에 우리에게 이김을 주시는 분은 바로 우리의 하나님 아버지이시다(고전15:57). 그러므로 하나님으로 말미암아 승리에 대한 확신을 가지고 나아가라.

② 그러면 하나님께서 우리로 어떻게 이기게 하시는가?

첫째로, 하나님은 우리를 그리스도 안에서 그리스도로 말미암아 이기게 하신다(고후2:14, 고전15:57).

구원받은 하나님의 자녀들은 이미 다 그리스도 안에 있는 자이다(요일5:20).

그리스도 안에 있는 자는 악한 자가 건드리지도 못한다.

이는 하나님께로부터 나신 하나님의 아들, 곧 우리 주 예수 그리스도께서 우리를 지켜주시기 때문이다(요일5:18).

또한 하나님은 우리를 그리스도로 말미암아 이기게 하신다.

우리 옛사람은 이미 그리스도 안에서 그리스도와 함께 십자가에 못 박혀 죽었다. 그런즉 이제는 내가 사는 것이 아니라 내 안에 그리스도께서 사시는 것이다.

이제 우리는 나로 말미암아 살아가지 않고, 오직 내 안에 살아계시는 그리스도로 말미암아 살아갈 수 있게 되었다.

우리가 그리스도로 말미암아 살아가는 그것이 바로 죄를 짓지 않고, 마귀를 이기는 승리의 삶이다.

둘째로, 하나님은 우리로 예수께서 그리스도이심을 믿는 그 믿음으로 말미암아 세상을 이기게 하신다.

이 세상은 다 마귀에게 처하였다. 마귀는 세상에 있는 모든 것으로 하나님의 자녀들을 공격하여 죄를 짓게 만든다. 마귀의 무기는 그야말로 이 세상과 세상에 있는 모든 것들이다. 이러한 마귀의 공격을 방어함으로써 마귀를 물리칠 수 있는 우리의 무기는 믿음의 방패이다. 믿음의 사람은 마귀의 시험과 유혹에도 조금도 두려워하지 않는다. 이는 예수께서 그리스도이심을 믿는 구원에 대한 확신이 마귀의 그 어떠한 시험과 유혹도 능히 이길 수 있기 때문이다.

이러한 믿음의 사람은 세상도 감당하지 못한다(히11:38). 이들이 죽음도 두려워하지 아니하고 믿음을 굳게 지키는 것은 이미 구원에 대한 확신과 천국의 소망이 있기 때문이다. 이러한 믿음의 사람은 세상이나 마귀도 절대로 이기지 못한다. 그러므로 하나님께서 우리가 예수께서 그리스도이심을 믿는 그 믿음으로 말미암아 세상과 마귀를 넉넉히 이기게 하시는 것이다.

이 세상은 마귀와의 영적 싸움의 전쟁터이다.

마귀와의 싸움은 피할 수 있는 것이 아니다. 우리가 천국에 들어가기까지 이 땅에서 잠시 동안 마귀와의 싸움은 계속

되지만, 두려워하거나 부담을 가질 필요는 전혀 없다.

우리는 이미 예수 그리스도와 하나님으로 인하여 승리자이다. 마귀는 하나님께서 함께하시는 하나님의 자녀인 우리를 절대로 이기지 못한다.

이제부터 우리의 대적자들이 오히려 우리로 인하여 두려워 떨며 근심하게 될 것이다(신2:25). 그러나 우리는 전혀 두려워할 필요가 없다. 하나님께서 우리를 성전 삼아 우리 안에 영원히 함께하시기 때문이다.

우리가 잠시 동안 받는 환난의 경한 것은 그리스도의 고난에 참여하는 것으로서, 장차 영원한 영광의 중한 것으로 받게 될 것이다. 그러므로 여러 가지 시험을 만나거든 온전히 기쁘게 여기라. 이는 고난을 통하여 하나님의 능력과 사랑을 몸소 체험할 수 있는 기회가 되기 때문이다.

이제 우리는 그리스도 안에서 그리스도로 말미암아 하나님께서 주시는 승리의 삶을 항상 살아갈 수 있게 되었다.

하나님께서 우리를 이렇게 사랑하시며 위하시는데 누가 우리를 대적하겠는가? 그러므로 우리에게 이김을 주시는 하나님께 항상 감사하며, 기쁨으로 성령의 인도하심을 따라 믿음으로 승리자의 삶을 살아가기 바란다.

7. 믿는 자마다 이미 영생을 얻음

"하나님이 세상을 이처럼 사랑하사 독생자를 주셨으니 이는 그를 믿는 자마다 멸망하지 않고 영생을 얻게 하려 하심이라" (요3:16).

"내 아버지의 뜻은 아들을 보고 믿는 자마다 영생을 얻는 이것이니 마지막 날에 내가 이를 다시 살리리라 하시니라" (요6:40).

1) 영생이란 무엇인가?

이 땅에 사는 모든 생물들의 생명은 다 끝이 있는 유한한 생명들이다. 인간의 육신의 생명도 아침 안개와 같이 쉬 사라지는 일시적인 생명이다. 이 땅의 모든 생물들 가운데 영원한 생명을 가진 생물은 하나도 없다.

영생이란 시작과 끝이 없는 영원히 지속되는 변함없는 영원한 생명을 의미한다. 영원한 생명은 죽거나 시들지 않는 완전한 생명이다.

태초부터 있는 이 영원한 생명은 바로 하나님 안에 있는 하나님의 생명이다. 이 생명은 하나님 안에 있고 또한 하나님의 아들 예수님 안에 있는 그 생명이다(요5:26, 요일5:11).

그러므로 하나님의 아들이 그 안에 있는 자는 영생이 있고, 하나님의 아들이 그 안에 없는 자는 영생도 없는 자라 하셨다(요일5:12).

이 영원한 생명을 얻은 자는 절대로 죽거나 멸망하지 않는다(요10:28). 이 생명은 사망이 이기지 못하는 생명이다.

이 생명이 있어야 하나님 나라에서 하나님과 우리 주 예수 그리스도와 함께 영원한 복락을 누리며 영원히 살 수가 있다. 하나님 나라에 들어가서 영생 복락을 누리며 살아가기 위해서는 반드시 이 영원한 생명을 얻어야 한다.

혈과 육의 육신의 생명은 하나님 나라에 들어가서 살 수 없는 일시적인 생명이다. 이 육신의 생명을 가지고는 하나님 나라에 들어가서 영원히 살 수가 없다.

그러면 이 영원한 생명은 어떻게 얻을 수 있는가?

2) 어떻게 영생을 얻을 수 있는가?

(1) 하나님께서 영생을 거저 주심 - 믿음으로 얻음

"또 증거는 이것이니 하나님이 우리에게 영생을 주신 것과 이 생명이 그의 아들 안에 있는 그것이니라" (요일5:11).

그러면 하나님의 아들 안에 있는 이 영원한 생명을 우리가 어떻게 얻을 수 있는가? 이 생명은 하나님께서 주시지 아니하시면 스스로 얻을 수 있는 사람은 아무도 없다.

하나님께서 우리에게 주셔야 우리가 얻을 수 있는 것이다.

그러면 하나님께서 이 생명을 어떻게 우리에게 주시는가?

하나님은 하나님의 아들 안에 있는 이 생명을 그 생명만을 우리에게 주시지 않는다. 그러한 일은 절대로 없다.

하나님의 아들의 생명은 하나님의 아들과 하나이다.

하나님의 아들 안에 있는 이 영원한 생명을 얻기 위해서는 하나님의 아들이신 예수 그리스도를 얻어야 한다.

예수 그리스도를 얻지 아니하고서는 그 안에 있는 영생을 얻을 수가 없다.

그러면 예수 그리스도를 어떻게 얻을 수 있는가?

하나님은 우리가 영생을 얻을 수 있도록 하나님의 아들 예수님을 생명의 떡으로 우리에게 보내주셨다(요6:35, 48).

"나는 하늘에서 내려온 살아있는 떡이니 사람이 이 떡을 먹으면 영생하리라, 내가 줄 떡은 곧 세상의 생명을 위한 내 살이니라 하시니라"(요6:51).

하나님의 보내심을 받은 예수님은, 우리 죄를 대신 담당하시고 우리 대신 십자가에 달려 돌아가심으로 자신의 살과 피를 우리를 위해 생명의 양식으로 내어주셨다.

그리스도의 살과 피는, 우리에게 생명을 주시기 위해 자신을 십자가에 내어주신 그리스도의 대속의 죽음을 의미한다. 그리고 그리스도의 살과 피를 먹고 마신다는 것은 우리를 위한 그리스도의 구속의 사실을 그대로 믿고 받아들이는 것을 의미한다(요6:35, 7:37-39).

이제 하나님께서 주신 이 생명의 양식을 믿음으로 받아먹는 자는 영생을 얻을 수 있게 되었다(요6:47, 54).

그러나 믿지 아니하므로 받아먹지 아니하는 자는 영생을 얻지 못한다(요6:53). 이 생명의 양식을 먹고 마신다는 말은, 곧 우리 죄를 대속하신 예수님을 생명의 구주로 믿고 받아들이는 것을 의미한다.

믿는다는 말은 예수님께서 우리를 구원하신 구속의 사실을 통하여 예수님을 나의 구주, 곧 그리스도로 믿고 마음에 영접하는 것이다. 그러므로 생명의 양식을 먹고 마신다는 말은 곧 믿는다는 말과 같은 의미이다.

누구든지 예수님을 그리스도로 믿고 마음에 영접한 자는 그리스도께서 그 안에 들어가 그와 함께 거하신다(계3:20). 그러므로 믿음으로 예수 그리스도를 영접한 자는 그리스도와 함께 그 안에 있는 영생도 함께 얻은 것이다.

"아들이 있는 자에게는 생명이 있고 하나님의 아들이 없는 자에게는 생명이 없느니라"(요일5:12).

그러므로 영생을 얻기 위해서는 반드시 하나님의 아들 예수님을 그리스도로 믿고 영접하여 받아들여야 한다.

그리할 때, 그리스도와 함께 그 안에 있는 영생을 얻게 되는 것이다. 그러므로 하나님의 아들을 믿는 자에게는 이미 그 안에 그리스도와 함께 영생이 있는 자이다.

"내가 하나님의 아들의 이름을 믿는 너희에게 이것을 쓰는 것은 너희로 하여금 너희에게 영생이 있음을 알게 하려 함이라"(요일5:13). 확실히 믿기 바란다.

3) 영생을 얻은 자는 영원히 멸망하지 않음

"내가 그들에게 영생을 주노니 영원히 멸망하지 아니할 것이요 또 그들을 내 손에서 빼앗을 자가 없느니라(요10:28).

하나님의 아들 예수 그리스도를 믿는 자는 이미 하나님의 아들과 함께 그 안에 영생이 있는 자이다(요일5:13).

"하나님의 아들을 믿는 자는 영생이 있고"(요3:36).

영생이 있는 자는 영원히 멸망하지 않는다. 이는 하나님의 영원한 생명이 이미 그 안에 있기 때문이다. 이 영원한 생명은 이제 내 안에서 나의 생명이 되었다. 영원한 생명을 가진 자가 멸망할 수 있겠는가? 절대로 그럴 수 없다.

영생은 우리가 죽은 후에 그때 가서 얻는 것이 아니다. 영생은 예수님을 그리스도로 믿고 영접할 때, 그 즉시 얻게 된다. "믿는 자는 영생을 가졌나니"(요6:47, 54). 영생을 얻기 위해서 죽을 때까지 기다리는 것이 아니다. 영생은 예수 그리스도를 믿는 즉시 얻게 된다. 영생이 그 안에 있는 자라야 죽은 후에 멸망하지 않고, 영원히 하나님 나라에서 주와 함께 영생 복락을 누리며 살게 된다.

하나님께서 그 아들을 구주로 보내신 것은 우리로 하여금 예수 그리스도를 믿음으로 멸망하지 않고 영생을 얻게 하기 위한 것이다(요3:16). 이것이 바로 우리를 향하신 하나님 아버지의 뜻이다. "내 아버지의 뜻은 아들을 보고 믿는 자마다 영생을 얻는 이것이니 마지막 날에 내가 이를 다시 살리리라 하시니라"(요6:40). 우리는 하나님의 뜻을 따라 예수 그리스도를 믿음으로 영생을 얻은 것이다.

그러므로 영생을 얻은 자는 영원히 멸망하지 않는다.

8. 믿는 자는 구원받기로 예정된 자임

1) 하나님의 뜻대로 예정하심

"곧 창세 전에 그리스도 안에서 우리를 택하사 우리로 사랑 안에서 그 앞에 거룩하고 흠이 없게 하시려고 그 기쁘신 뜻대로 우리를 예정하사 예수 그리스도로 말미암아 자기의 아들들이 되게 하셨으니" (엡1:4-5).

이제 우리가 어디에 근거해서 구원받게 되었는지 알아보자. 하나님은 창세 전에 그리스도 안에서 우리를 하나님의 아들들이 되도록 미리 하나님의 뜻대로 예정해 놓으셨다.
우리의 구원은 이미 창세 전에 그리스도 안에서 하나님의 기쁘신 뜻대로 미리 정해져 있었던 것이다.
구원은 전적으로 하나님께 속한 것이다(시3:8). 하나님께서 우리를 구원해 주셔야 우리가 구원받을 수 있다.
그러나 하나님은 죄 범한 모든 사람을 다 구원하시는 것이 아니다. 하나님은 그리스도 안에서 그리스도로 말미암아 구원하실 자들을 하나님의 기쁘신 뜻대로 미리 정하셨다.
하나님께서 구원하시기로 예정한 자만이 구원을 받는다는 말이다.

우리가 아직 태어나기도 전에, 무슨 선이나 악을 행하기도 전에, 그리스도 안에서 우리를 구원하시기로 하나님의 기쁘신 뜻대로 미리 택하셨다는 사실이다. 이는 우리의 구원이 처음부터 오직 하나님께 달려 있음을 보여 주는 것이다.

우리의 구원은 우리의 행위나 의지나 노력에 달려있는 것이 아니다. 행위로 구원받을 수 있는 사람은 아무도 없다. 우리의 구원은 처음부터 우리를 부르시고 구원하시는 하나님으로 말미암은 것이다(롬9:9-18).

그러면 어떤 사람은 이렇게 힐문할 것이다.

"그렇게 하는 것은 불의하고 불공평한 처사라고"

그러나 절대로 그렇지 않다. 토기장이가 진흙 한 덩이로 하나는 귀히 쓸 그릇을 만들고, 하나는 천히 쓸 그릇을 만들 권한이 없겠는가? 지음을 받은 물건이 지은 자에게 어찌 나를 이같이 만들었느냐 할 수 있겠는가?

그 만드는 권한이 토기장이에게 있는 것같이, 하나님께서 죄인을 구원하시는 일도 마찬가지이다.

구원하시는 하나님의 뜻대로 하신 것인데 우리가 무슨 말을 더할 수 있겠는가?

그것은 하나님의 절대주권에 속한 것이고 하나님의 기쁘신 뜻대로 하신 것이다. 우리의 구원은 오직 하나님께 속한 것이고 하나님의 기쁘신 뜻에 의해서 예정된 것이다.

2) 예정하신 뜻대로 반드시 이루심

"곧 영원부터 우리 주 그리스도 예수 안에서 예정하신 뜻대로 하신 것이라"(엡3:11).

우리가 구원받게 된 것은 전적으로 하나님의 예정하신 뜻대로 하신 것이다.

하나님은 하나님의 정하신 때가 되면, 하나님의 예정하신 뜻대로 행하여 택하신 자들을 구원하신다. 우리가 예수님을 그리스도로 믿음으로 구원받을 수 있었던 것은 오직 하나님께서 처음부터 우리를 구원하시기로 택하셨기 때문이다. 우리의 구원은 결국에 하나님의 뜻대로 이루어지게 된다.

하나님은 그리스도 안에서 구원하시기로 택하신 자들을 하나도 빠짐없이 다 찾아 반드시 구원하신다.

하나님은 창세 전에 그리스도 안에서 하나님의 기쁘신 뜻대로 우리를 예정하사 예수 그리스도로 말미암아 하나님의 아들들이 되게 하셨다. 우리가 예수 그리스도를 믿음으로 하나님의 아들이 된 것은 하나님께서 미리 정하신 하나님의 뜻대로 하신 것이요, 그리스도 예수 안에서 우리에게 주신 하나님의 은혜대로 하신 것이다(갈3:26, 딤후1:9).

우리가 예수 그리스도를 믿음으로 영생을 얻은 것도 알고 보면, 창세 전에 이미 그리스도 안에서 영생 주시기로 작정된 자이었기 때문이다. "영생을 주시기로 작정된 자는 다 믿더라"(행13:48). 영생을 주시기로 작정된 자가 아니면 예수님을 그리스도로 믿지 못한다(고후4:3-4).

그러나 영생 주시기로 작정된 자는 그리스도의 복음이 증거될 때, 예수께서 그리스도이심을 믿게 된다.

믿게 된다는 것은 하나님의 뜻 가운데서 은혜로 영생 주시기로 작정된 자이기 때문이다. 그러므로 믿음으로 말미암아 영생을 얻게 되는 것이다. 우리가 하나님의 예정하신 뜻대로 예수 그리스도를 믿음으로 구원받게 된 것이다.

그러면, 하나님은 택하신 자를 어떻게 구원하심으로 하나님의 뜻을 이루어 나가시는가?

하나님은 복음전파라는 구원의 방편을 통하여 택하신 자들을 찾아서 구원하신다. 우리는 누가 구원받기로 택하심을 받은 자인지 전혀 알지 못한다.

그러나 하나님은 구원의 복음을 통하여 처음부터 구원하시기로 택하신 자들을, 예수께서 그리스도이심을 믿게 하심으로 구원받게 하신다(살후2:14).

그러므로 구원받기로 택하신 자들을 찾아 구원받게 하기 위해서는 반드시 그리스도의 복음이 전파되어야만 한다.

하나님은 미련한 것으로 보이는 전도를 통하여 믿는 자들을 찾아 구원하시기를 기뻐하신다(고전1:21).

그러므로 하나님은 이렇게 복음증거를 통하여 택하신 자들을 구원하시는 하나님의 뜻을 이루어 나가시는 것이다.

3) 나는 구원받기로 예정된 자인가?

그러면, 우리가 처음부터 구원받기로 택하심을 받은 자인지 어떻게 알 수 있는가?

이제 중요한 것은 내가 창세 전에 그리스도 안에서 하나님의 아들이 되도록 하나님의 뜻에 의하여 예정되어 있는 자인가 하는 것이다. 그 사실을 확실히 알 수만 있다면 우리는 안심하고 평안을 누리게 될 것이다.

나는 처음부터 구원받기로 택하심을 받은 자인가?

나는 그리스도 안에서 영생 얻기로 작정된 자인가?

내가 처음부터 구원받기로 택하심을 받은 자라면 그 증거는 무엇인가?

무엇을 보고 내가 택하심을 받은 자인지 알 수 있는가?

이제 그 사실을 어떻게 알 수 있는지 자세히 알아보자.

하나님은 창세 전에 이미 그리스도 안에서 하나님의 기

쁘신 뜻대로 우리를 예정하사 예수 그리스도로 말미암아 하나님의 아들들이 되게 하셨다. 그러면 하나님은 미리 정하신 이 하나님의 뜻을 어떻게 이루어 나가시는가?

하나님은 택하신 자들을 어떻게 구원하시고, 영생 주시기로 작정한 자들은 또한 어떻게 영생을 얻게 하시는가?

그 방법은 단 한 가지이다. 그것은 오직 택하신 자들로 예수께서 그리스도이심을 믿게 하심으로 구원을 받게 하신다. 또한, 영생 주시기로 작정된 자들도 예수 그리스도를 믿게 하심으로 영생을 얻게 하신다.

"영생을 주시기로 작정된 자는 다 믿더라"(행13:48).

이는 예수 그리스도를 믿어야 구원을 얻을 수 있고, 믿어야 영생을 얻을 수 있기 때문이다. 하나님은 누구든지 하나님의 아들 예수 그리스도를 믿는 자마다 영생을 얻게 하셨다. 이것이 바로 하나님 아버지의 뜻이다. "내 아버지의 뜻은 아들을 보고 믿는 자마다 영생을 얻는 이것이니 마지막 날에 내가 이를 다시 살리리라 하시니라"(요6:40).

우리가 예수 그리스도를 믿음으로 영생을 얻은 것은 하나님 아버지의 뜻대로 된 것이다.

우리가 예수님을 그리스도로 믿었다는 것은 이미 처음부터 구원받기로 택하심을 받았다는 확실한 증거이다.

이는 하나님의 택하심을 받은 자만이 예수님을 그리스도로
믿을 수 있게 되기 때문이다.

"하나님이 처음부터 너희를 택하사 성령의 거룩하게 하심
과 진리를 믿음으로 구원을 받게 하심이니"(살후2:13).

하나님은 처음부터 택하신 자들을 진리를 믿게 하심으로
다 구원받게 하신다. 구원받기로 처음부터 택하심을 받은
자들은 결국에 다 예수 그리스도를 믿게 된다는 사실이다.
이는 하나님께서 택하신 자들로 예수 그리스도를 믿게 하
심으로 구원받게 하셨기 때문이다.

당신이 구원의 복음을 통하여 진리 되시는 예수 그리스도
를 믿음으로 구원받은 자가 되었다면, 당신은 처음부터 구
원받기로 하나님의 택하심을 받은 자이다. 그러므로 예수께
서 그리스도이심을 믿는 그 믿음이 바로 우리가 처음부터
구원받기로 택하심을 받았다는 확실한 증거가 되는 것이다.

 당신은 예수께서 그리스도이심을 확실히 믿는가?
그렇다면 당신은 처음부터 구원받기로 택하심을 받은 자요,
영생 얻기로 작정된 자이며, 하나님의 아들이 되도록 그리
스도 안에서 창세 전에 이미 예정된 자이다.
확실히 믿기 바란다.

9. 성령으로 인치심과 보증

1) 성령으로 인치심

"그 안에서 너희도 진리의 말씀 곧 너희의 구원의 복음을 듣고 그 안에서 또한 믿어 약속의 성령으로 인치심을 받았으니" (엡1:13).

우리는 구원의 복음을 듣고 예수께서 그리스도이심을 믿음으로 하나님께로부터 성령으로 인치심을 받았다. 우리가 예수 그리스도를 믿음으로 구원받고 하나님의 자녀가 된 것처럼, 예수 그리스도를 믿음으로 성령으로 인치심을 받은 것이다. 우리가 예수 그리스도를 믿음으로 성령으로 인치심을 받는 것은, 우리가 믿음으로 하나님의 자녀가 되는 것과 거의 동시에 일어나는 구원의 사건이다.

(1) 성령으로 인치심이란 무엇인가?

우리는 다 예수 그리스도를 믿음으로 말미암아 하나님의 아들이 되었다(갈3:26). 예수께서 그리스도이심을 믿는 자마다 하나님께로부터 난 하나님의 자녀들이다(요일5:1). 하나님은 하나님의 자녀들에게 하나님의 자녀라는 증거로 하나님의 아들의 영을 그 마음 가운데 보내주셨다.

이것이 바로 성령으로 인치시는 것이다.

"너희가 아들이므로 하나님이 그 아들의 영을 우리 마음 가운데 보내사 아빠 아버지라 부르게 하셨느니라"(갈4:6).

성령으로 인치심이란, 하나님께서 우리 마음에 보내주신 성령께서 우리 마음에 계속해서 머물러 있는 그 상태를 말하는 것이다. 곧 성령께서 우리 안에 거하시는 성령의 내주하심이 바로 성령으로 인치심을 받은 것이다.

하나님은 우리가 하나님의 자녀라는 표식으로 그 아들의 영을 우리 마음 가운데 보내사 그 성령으로 말미암아 우리를 하나님의 자녀로 도장 찍어 놓으셨다.

우리가 하나님의 자녀라는 증거가 바로 성령으로 도장 찍어 표시해 놓으신 것이다.

그러므로 성령으로 인치심을 받은 자, 곧 성령께서 그 안에 계시는 자는 다 하나님의 자녀요 하나님의 성전이다.

하나님은 많은 사람들 가운데서 하나님의 자녀들에게만 하나님의 자녀라는 표식으로 성령으로 도장 찍어 표시해 놓으셨다.

그러므로 누구든지 하나님께서 보내주신 성령께서 그 안에 계시는 자는 다 성령으로 인치심을 받은 하나님의 자녀이다.

이제 인침에는 어떠한 의미가 있는지 알아보자.

(2) 인치심의 의미

① 인침은 거래가 체결되어 확정되었음을 의미한다.

도장을 찍었다는 것은 계약서의 내용 그대로 시행하기로 확정하고 끝마쳤다는 의미이다.

끝마쳤다는 것은, 모든 것이 완성되어 더 이상 아무것도 추가하거나 변경하거나 무를 수 없다는 것이다. 사람의 언약이라도 한번 정한 후에는 아무도 폐하거나 더하거나 하지 못한다(갈3:15). 하물며 영원하신 하나님께서 인치신 언약을 폐할 수 있겠는가? 하나님께서 세우신 언약은 아무도 변개할 수 없는 영원불변의 소금 언약이다(민18:19).

확정되었다는 말은, 이제 그 내용 그대로 효력이 발생하여 그대로 시행된다는 말이다.

확정된 내용 그대로 영원히 변함없이 시행되는 것을 의미한다. 계약서에 도장을 찍었다는 말은 인친 내용 그대로 내가 책임지고 다 시행하겠다는 의미가 있다.

하나님의 자녀로 한번 인침을 받았으면, 하나님의 자녀로 확정된 그대로 영원히 시행된다는 말이다. 하나님의 자녀로 인침을 받아 확정되었는데 이 사실이 변할 수 있겠는가?

아니 영원히 변하지 않는다.

하나님의 자녀로 인치심을 받았으면 영원히 하나님의 자녀로 확정된 것이다. 이미 그렇게 인치신 것은 아무도 폐하거나 무를 수 없다. 다만 그렇게 영원히 시행될 뿐이다.

인침은 이미 그렇게 된 사실을 확정 짓는 것이다.
우리가 예수 그리스도를 믿음으로 하나님의 자녀가 된 것을 인침으로써 그 사실 그대로 확정하는 것이다.
인침으로 확정된 사실은 어느 누구도 바꿀 수 없다.
성령께서 우리 안에 거하시는 것은 우리가 하나님의 자녀로 확정되었음을 증명하고 보증하는 표식인 것이다.
성령은 우리 안에서 하나님의 인침인 동시에 하나님의 보증이시다. 그러므로 누구든지 성령께서 그 안에 있는 자는 다 구원받은 하나님의 자녀들이다.
이것을 확증하고 보증하시는 분이 바로 우리 안에 내주하시는 성령님이시다. 그러므로 하나님의 인치심을 받은 자는 영원히 하나님의 자녀로 확정된 것이다.

인치심은 인친 그대로 확정되었을 뿐만 아니라, 확정된 내용 그대로 영원히 시행된다는 의미가 있다.
우리는 예수 그리스도를 믿음으로 하나님의 자녀들이 되었다. 이 사실에 인치셨다는 말은 하나님의 자녀로 확정된 그대로 영원히 변함없이 그대로 시행된다는 말이다.

어떤 사실이나 문서에 도장을 찍었다는 말은, 그렇게 하기로 결정하였으니 확정된 사실 그대로 그렇게 시행하라는 말이다. 그러므로 성령으로 인치심을 받은 하나님의 자녀들은 영원히 변함없이 하나님의 자녀들인 것이다.

인치심을 받았다는 말은 그 사실 그대로 결정되었으니 결정된 그대로 변함없이 영원히 시행된다는 것을 확증하는 표식이다. 그러므로 하나님의 인치심은 우리가 하나님의 자녀로 확정되었음을 우리에게 알게 할 뿐만 아니라, 그 사실이 영원히 변치 아니함을 우리에게 보증하는 것이다.

하나님의 자녀로 인치심을 받은 자는 영원히 하나님의 자녀로 확정된 것이다. 확실히 믿기 바란다.

② 인침은 소유의 의미가 있다.

"그 안에서 너희도 진리의 말씀 곧 너희의 구원의 복음을 듣고 그 안에서 또한 믿어 약속의 성령으로 인치심을 받았으니" (엡1:13).

우리가 구원의 복음을 듣고 예수께서 그리스도이심을 믿을 때에 하나님께서 우리를 성령으로 인치셨다.

곧 우리가 예수 그리스도를 믿음으로 성령으로 인치심을 받은 것이다. 여기서 인침은 내게 속한 나의 소유임을 표시하기 위한 인침이다. 인침은 어떤 물건이 자기 소유라는 표식으로 자기 소유물에 도장을 찍어 표시해 놓는 것이다. 자기 소유물에 자기 도장을 찍는 것은 그 물건이 자기 소유임을 확실히 표시하기 위함이다.

하나님의 자녀들은 다 그리스도의 피로 값 주고 사신 바 된 주의 것이다(고전6:19-20).
예수 그리스도의 피로 구속함을 얻은 우리는 더 이상 우리 자신의 것이 아니다. 우리는 그리스도의 피로 값 주고 사신 바 되어 하나님께 드려진 그의 나라요 그의 소유된 백성이다(계5:9-10, 벧전2:9).
이제 우리의 소유권은 하나님께 있다. 이 사실을 확증하기 위해서 하나님께서 성령으로 우리를 인치신 것이다.
하나님께서 하나님의 자녀들에게 성령으로 인치시는 것은 우리가 하나님의 소유임을 확실히 표시하기 위함이다.
우리가 누구에게 속하여 있는지, 그 소속을 확실히 표시하기 위하여 성령으로 도장 찍어 표시해 놓으신 것이다.
그리스도의 피로 구속함을 얻은 하나님의 자녀들은 다 하나님과 어린양 되시는 예수 그리스도에게 속한 자들이다(계14:4, 요일5:19). "너희는 그리스도의 것이요 그리스도는 하나님의 것이니라"(고전3:23). 우리는 우리의 것이 아니라 그리스도의 것이요 또한 하나님의 것이다.

하나님은 이것을 확실히 표시하여 알리기 위해서 우리를 성령으로 도장 찍어 "너는 내 것이라" 표시해 놓으셨다.

그러므로 성령으로 인침을 받은 자는 하나님의 것으로 구별된 하나님의 자녀임을 확실히 믿어야 한다.

성령으로 인침을 받은 우리는 그 소유가 하나님께 있다. 이제 우리는 더 이상 우리의 것이 아니라 주의 것이다.

그러므로 이제 우리가 살아도 주를 위하여 살고 죽어도 주를 위하여 죽는다.

이는 우리가 사나 죽으나 주의 것이기 때문이다(롬14:7-8).

이제 육체의 남은 때를 자기를 위해 살지 말고, 하나님의 뜻을 따라 하나님의 영광을 위하여 살아야 한다.

"그런즉 너희 몸으로 하나님께 영광을 돌리라"(고전6:20).

2) 성령으로 보증하심

(1) 성령의 보증이란?

보증이란 상거래에서 계약이 체결된 이후에 그 약속 이행에 대한 보증으로 주는 선금 혹은 계약금을 의미한다.

계약금은 거래가 성사된 후에 그 약속을 이행하는 첫 실행으로써, 그 약속을 끝까지 책임지고 이행하겠다는 일종의 보증이요 그 증거물이다. 성령의 보증도 마찬가지이다.

성령의 보증은 인침에 대한 보증일 뿐만 아니라, 그 인침에 대한 약속을 끝까지 책임지고 이행하겠다는 일종의 담보물이요 증거물이다.

하나님은 우리가 하나님의 자녀인 것을 인치시고 그것을 보증하는 증거물로 성령을 우리 마음에 보내주셨다.

이제 성령께서 무엇을 보증하시는지 알아보자.

(2) 성령은 무엇을 보증하시는가?

① 성령은 하나님의 인치심에 대한 보증이시다.

"그가 또한 우리에게 인치시고 보증으로 우리 마음에 성령을 주셨느니라"(고후1:22).

성령은 우리 안에서 우리가 하나님의 자녀로 인치심을 받은 그 사실을 보증하신다. 곧 하나님의 인치심을 받아 하나님의 자녀로 확정된 그 사실을 보증하는 것이다.

하나님의 인치심에 대한 확실한 보증으로 성령을 우리 마음에 보내주셨다. 그러므로 성령께서 그 마음에 있는 자는 확실히 성령으로 인치심을 받은 하나님의 자녀이다.

하나님은 이렇게 우리를 성령으로 인치시고 그 사실을 보증하기 위해 성령을 우리 마음에 보내주셨다.

우리 안에 내주하시는 성령은 하나님의 인침인 동시에 하나님의 보증이시다. 하나님께서 인침에 대한 확실한 증거로 성령을 우리 마음에 보내주신 것이다.

그러므로 성령께서 그 안에 있는 자는 다 성령으로 인치심을 받은 하나님의 자녀들이다. 이것을 보증하시는 이가 또한 우리 안에 거하시는 성령님이시다.

성령은 우리 안에서 우리를 떠나지 아니하시고 우리가 하나님의 자녀인 것을 영원히 보증하신다.

② 성령은 하나님의 약속 이행에 대한 보증이시다.

성령은 인침으로 확정된 약속을 반드시 그대로 시행하겠다는 보증이시다.

하나님은 우리에게 약속하신 모든 것을 책임지고 이행하겠다는 증표로 성령을 우리 마음에 보내주셨다.

약속 이행에 대한 보증이란, 하나님의 약속을 믿지 못하는 자들을 위하여 그 약속을 확실히 믿게 하기 위하여 미리 담보물을 주는 것이다. 이 담보물은 약속하신 대로 반드시 시행하겠다는 증거물이 되는 것이다.

약속 이행에 대한 보증이란 계약서에 인침으로 약속한 그대로 약속 이행을 보장하여 미리 주는 증거물이다.

하나님께서 약속 이행에 대한 증거물까지 미리 주셨는데 그 약속을 이행하시지 않겠는가?

하나님은 우리에게 약속하신 대로 반드시 이루어주겠다는 보증으로 성령을 우리 마음에 보내주셨다. 그러므로 성령께서 그 마음에 있는 자는 성령의 보증으로 말미암아 하나님의 약속을 확실히 믿을 수 있게 되는 것이다.

하나님께서 우리에게 보내주신 성령은 하나님의 약속 이행에 대한 첫 실행이자, 남은 약속도 끝까지 책임지고 다 이루어 주시겠다는 보증이요 증거물이다.

하나님은 약속을 기업으로 받는 자들에게 그 약속을 확실히 믿게 하기 위하여 이중으로 보증하셨다.

하나는, 하나님의 크신 위엄과 그 이름을 걸고 맹세로 보증하셨다. 맹세는 모든 다툼의 최후 확정이다(히6:13-17).

또 하나는, 성령을 우리 마음 가운데 보내사 성령으로 보증하셨다. 약속 이행에 대한 증거물까지 주어서 보증하신 것이다. 성령께서 우리 안에 계시는 한 우리는 하나님의 약속하신 영원한 유업을 반드시 얻게 된다(히9:15).

③ 성령은 우리 기업에 대한 보증이 되신다.

"이는 우리 기업의 보증이 되사…" (엡1:14).

하나님께서 보내주신 성령은 우리 안에서 우리가 반드시 얻게 될 영원한 기업의 보증이 되신다. 이것은 인침으로써 약속된 영원한 기업에 대한 보증이다(히9:15). 성도의 기업은 이 땅에 있는 것이 아니다. 성도의 기업은 하늘에 있다. 하나님은 그리스도의 부활하심으로 말미암아 우리를 거듭나게 하사 산 소망이 있게 하셨다. 그 소망은 "썩지 않고 더럽지 않고 쇠하지 아니하는 유업을 잇게 하시나니 곧 너희를 위하여 하늘에 간직하신 것이라"(벧전1:4).

성령으로 거듭난 하나님의 자녀들은 당연히 하나님 나라의 상속자들이다. 성도의 기업은 이 땅의 썩어지고 더럽고 쇠하여지는 기업이 아니다. 성도의 기업은 영원히 쇠하지 아니하는 하늘에 있는 영원한 기업이다.

우리는 하나님의 자녀로서 그리스도와 함께한 천국 기업의 상속자들이다(롬8:17). 이 천국 기업이 우리에게 있음을 보증하고 증거하시는 이가 바로 우리 안에 거하시는 성령님이시다. 성령의 내주하심은 우리가 천국 기업을 반드시 얻게 되리라는 것을 확실히 보증하는 증거물이다.

우리는 이미 천국 기업의 일부를 보증으로 받았다.

성령께서 우리 기업에 대한 보증으로 우리 안에 거하시는데 우리가 천국 기업을 얻지 못하겠는가? 성령께서 그 안에 있는 자는 반드시 천국 기업을 유업으로 상속받는다.

그러므로 성령께서 그 안에 있는 하나님의 자녀들은, 하늘에 소망을 두고 위의 것을 생각하고 위의 것을 바라보며, 하나님이 위에서 부르신 부름의 상을 좇아 살아가야 한다.

구원받은 확실한 증거

제 3 장
구원받은 확실한 증거

우리가 구원받았다면 우리에게 구원받은 확실한 증거가 있어야 한다.

그래야 그 증거를 통하여 구원의 확신을 가질 수 있다.

무엇을 보고 우리가 구원받았다는 사실을 알 수 있는가?

우리가 하나님의 말씀에 근거하여 구원의 확신을 가질 수 있는 확실한 증거는 두 가지이다. 아니, 구원받은 증거는 근본적으로 하나이지만 두 방면으로 나타나기 때문이다.

1. 구원받은 내적 증거 - 그리스도의 내주하심

"너희는 믿음 안에 있는가 너희 자신을 시험하고 너희 자신을 확증하라 예수 그리스도께서 너희 안에 계신 줄을 너희가 스스로 알지 못하느냐 그렇지 않으면 너희는 버림받은 자니라" (고후13:5).

우리가 구원받은 내적인 확실한 증거는 바로 예수 그리스도께서 우리 안에 계시는 그것이다. 예수 그리스도께서 그 안에 있는 사람은 구원받은 사람이지만, 그리스도께서 그 안에 있지 아니한 자는 버림받은 자이다.

그리스도께서 우리 안에 거하시는 그것이 바로 우리가 구원받은 확실한 증거라는 사실이다. 왜 그런가?

이에 앞서 먼저 그리스도께서 어떻게 우리 안에 들어와 거하실 수 있게 되었는지부터 알아보자.

1) 그리스도께서 어떻게 우리 안에 들어와 거하실 수 있는가?

예수님은 본래 독생하신 하나님으로서, 우리를 죄에서 구원하시기 위하여 하나님의 보내심을 받아 육신의 몸을 입고 사람이 되어 이 땅에 오신 하나님의 아들이시다.

하나님의 아들이신 예수님께서 육신을 입고 사람이 되어 이 땅에 오신 목적은, 그 육신에 죄를 정하사 우리의 죄 값을 우리 대신 받아 죽으심으로 우리를 죄에서 구원하시기 위함이다.

예수님은 하나님의 뜻을 따라 우리를 죄에서 구원하시기 위하여 그의 몸에 우리 죄를 다 담당하시고, 우리 죄에 대한 형벌을 우리 대신 받아 십자가에 죽으심으로, 그의 피로 영원한 속죄를 이루사 우리를 죄와 사망에서 구원하셨다.

이로 인하여 하나님의 아들 예수님은 이제 우리를 구원하신 우리의 주와 그리스도가 되셨다.

"너희가 십자가에 못 박은 이 예수를 하나님이 주와 그리스도가 되게 하셨느니라"(행2:36).

이제 예수님을 하나님의 아들로 믿을 뿐만 아니라, 예수님을 나의 구주 곧 그리스도로 믿어야 한다.

그리할 때, 예수 그리스도께서 우리를 위하여 이루어 놓으신 구속의 사실이, 우리에게 그대로 적용되어 우리가 그리스도로 말미암아 구원을 받게 되는 것이다.

예수님께서 이 땅에 계시는 동안에는 육신의 몸을 입고 있었기 때문에, 우리와 같이 시간과 공간의 제한을 받을 수밖에 없었다. 그때는 예수님께서 우리 안에 들어와 우리와 함께 영원히 살고 싶어도, 육신의 몸을 입고 있었기 때문에 제한을 받아 우리 안에 들어오실 수가 없었다.

그러면, 어떻게 예수님께서 우리 안에 들어와 거하실 수 있게 되었는가?

(1) 육신의 몸을 벗고 영의 몸을 입으신 그리스도
   - 부활하심으로 생명 주는 영이 되신 그리스도

예수님께서 시간과 공간을 초월하여 어디에나 계시고, 우리 안에 들어와 우리와 함께 거하시기 위해서는 육신의 몸을 벗어야만 한다.

그러면, 예수님께서 어떻게 육신의 몸을 벗으셨는가?

그것은 바로 죽음을 통해서 육신의 몸을 벗으셨다.

예수 그리스도의 죽으심은 우리를 죄에서 구원하시고 그의 피로 영원한 새 언약을 세우기 위한 것일 뿐만 아니라, 예수님 자신의 육신의 몸을 벗기 위한 것이었다. 예수님은 죽으심으로 육신의 몸을 벗고, 부활하심으로 신령한 몸을 입어 살려 주는 영 곧 생명 주는 영이 되셨다(고전15:45).

육신의 몸을 입으신 예수님께서는 여러 면에서 제한을 받으셨지만, 영의 몸을 입으신 그리스도께서는 더 이상 제한을 받지 아니하시고 어디에나 계신다.

그리스도는 이제 더 이상 육신 안에 있지 아니하시고 영 안에 계시는 분이시다. 영이 되신 주님은 더 이상 시간과 공간의 제한을 받지 아니하신다(고후3:17).

이제 언제 어디서나 우리와 함께하실 수 있으며, 우리 안에 자유롭게 들어오실 수 있게 되었다.

(2) 믿음으로 주님을 영접할 때 주님은 우리 안에 들어오심

믿음이란 말이 성경에 대략 560번 정도 사용되었지만 믿음에 대하여 정의를 내린 곳은 단 두 곳뿐이다.

하나는 요한복음 1장 12절 말씀이다. "영접하는 자 곧 그 이름을 믿는 자들에게는 하나님의 자녀가 되는 권세를 주셨으니". 이는 믿음의 본질에 대한 정의이다.

믿음은 곧 영접하는 것이다. 믿음이란 어떤 사실을 사실 그대로 여기고 인정하여 받아들이는 것이다.

믿음으로 받아들이는 것은 우리 안에서 그대로 적용되어 실상으로 이루어지게 된다. 누가복음 1장 38절에 동정녀 마리아는 천사를 통하여 하나님의 말씀을 듣고 "그 말씀대로 내게 이루어지이다"라고 말씀을 믿음으로 받아들였다.

그리할 때, 그 말씀 그대로 마리아에게 즉시 이루어져 마리아가 성령으로 잉태하게 되었다.

또 하나는 히브리서 11장 1절 말씀이다.

"믿음은 바라는 것들의 실상이요 보지 못하는 것들의 증거니" 이는 믿음의 기능적인 면과 결과론적인 면에서의 정의이다. 이에 대해서는 다음에 설명하기로 하자.

마지막 아담이신 예수님은 부활하심으로 생명 주는 영이

되셨다(고전15:45).

믿음은 예수께서 그리스도이심을 믿고 마음에 영접하여 받아들이는 것이다. 이제 누구든지 문밖에 서서 두드리시는 주님의 음성을 듣고, 문을 열고 예수님을 나의 구주로 믿고 영접하기만 하면, 주님은 내 안에 들어와 나와 더불어 먹고 마시며 사실 수 있게 되었다(계3:20).

부활하신 후의 예수님은 더 이상 육신 안에 있는 그리스도가 아니다. 이제 예수님은 성령 안에 계시는 그리스도이시다. 그러므로 예수님을 그리스도로 믿고 영접하는 자에게는 그리스도께서 그 안에 들어가 그와 함께 거하신다.

2) 왜 그리스도의 내주하심이 구원받은 증거가 되는가?

(1) 하나님의 아들 안에 영생이 있기 때문이다.

"또 증거는 이것이니 하나님이 우리에게 영생을 주신 것과 이 생명이 그의 아들 안에 있는 그것이니라, 아들이 있는 자에게는 생명이 있고 하나님의 아들이 없는 자에게는 생명이 없느니라" (요일5:11-12).

영생은 곧 하나님 안에 있는 하나님의 영원한 생명이다. 하나님께서 우리에게 주신 영생은 하나님의 아들 안에 있다(요일5:11, 요5:26).

이러므로 하나님의 아들이 그 안에 있는 자는 영생이 있지만, 하나님의 아들이 그 안에 없는 자에게는 영생도 없다. 예수께서 그리스도이심을 믿고 마음에 영접한 자는 그 안에 그리스도께서 있는 자이지만, 그리스도를 믿지 아니하는 자에게는 그 안에 하나님의 아들도 없고 영생도 없는 자이다. 그러므로 너희가 믿음에 있는가, 너희 자신을 시험하고 너희 자신을 확증하라 하셨다

예수 그리스도로 말미암아 내 안에 영생이 있는 자는 이미 구원을 받은 자이다. 그러나 예수 그리스도께서 그 안에 없는 자는 영생도 없고, 버리운 자이다.

이제 영이 되신 하나님의 아들 그리스도는 성령 안에 계신다. 그러므로 주의 보내주신 성령께서 그 안에 있는 자는 성령으로 말미암아 그리스도께서 그 안에 계시는 자요, 그리스도께서 그 안에 계시는 자는 그리스도로 말미암아 영생이 있는 자이다(요일3:24). 그러므로 하나님의 아들을 믿는 자에게는 영생이 있다고 말씀하신 것이다(요일5:13, 요3:36, 6:40, 47). 이처럼, 하나님의 아들이신 그리스도께서 영으로 우리 안에 거하시는 그것이 바로 우리가 구원받은 확실한 증거요, 그리스도께서 우리 안에 계시는 그것이 바로 우리가 영생을 얻은 확실한 증거이다.

(2) 믿음으로 말미암아 우리가 그리스도와 한 영이 되다

"주와 합하는 자는 한 영이니라"(고전6:17).

이제 예수 그리스도께서 우리 안에 거하심으로 우리와 그리스도가 하나로 완전히 연합하게 되었다.

만일 그리스도께서 아직도 여전히 육신 안에 있다면, 그리스도는 우리 안에 들어와 우리와 하나로 연합되는 일은 도저히 불가능한 일이다. 그러나 그리스도는 부활하심으로 영이 되셨고 성령 안에 거하신다.

영이 되신 주님은 누구든지 믿음으로 그리스도를 마음에 영접하기만 하면, 그리스도는 우리 안에 들어와 우리와 하나로 연합하여 한 영이 된다.

주는 영이시니 "주와 합하는 자는 한 영이니라"

이제 우리가 그리스도 안에, 그리스도께서 우리 안에 계심으로 그리스도와 우리는 완전히 하나로 연합되었다.

그리스도의 영원한 생명은 이제 나의 생명이 되었다.

실제로 우리가 그리스도와 하나가 되는 신비롭고 영광스러운 연합이 이루어진 것이다. 이제 우리가 그리스도 안에 있고, 그리스도께서 우리 안에 있다(요14:20).

"…또한 우리가 참된 자 곧 그의 아들 예수 그리스도 안에 있는 것이니 그는 참 하나님이시요 영생이시라"(요일5:20).

그리스도와 우리는 완전히 하나로 연합하여 한 영이 되었

다. 이것이 믿음으로 말미암아 우리에게 실제로 이루어진 사실이다.

이와 같이 성령으로 말미암아 그리스도께서 우리 안에 계시는 그것이 우리가 구원받고 영생을 얻은 확실한 증거이다. 확실히 믿기 바란다.

2. 구원받은 외적 증거 - 오직 믿음

"내가 하나님의 아들의 이름을 믿는 너희에게 이것을 쓰는 것은 너희로 하여금 너희에게 영생이 있음을 알게 하려 함이라" (요일5:13).

우리가 구원의 확신을 갖기 위해서는 구원받은 확실한 증거가 있어야 한다. 하나님의 말씀에 의해서 구원받은 확실한 증거는 무엇인가?

1) 행위는 구원받은 증거가 아니다.

우리가 구원받은 것은 우리의 행위에서 난 것이 아니다. 율법의 행위로서는 의롭다 하심을 얻을 사람이 하나도 없다. 구원받은 증거는 행위에 있는 것이 아니다.
많은 사람들이 구원받은 증거를 신앙생활의 행위에서 찾으려고 한다. 그러나 행위는 구원받은 증거가 될 수 없다. 이는 우리가 행위로 구원받은 것이 아니기 때문이다.
만일 우리가 행위로 구원을 받았다면, 구원받은 증거들이 여러 가지 선하고 의로운 행위들로 나타날 것이다. 그러나 우리가 구원받은 것은 그러한 행위로 받은 것이 아니다.

죄로 인하여 마귀에게 속하고 죄의 종이 된 죄인이 자신의 행위로 의롭다 하심을 얻어 구원받을 수 있는 사람은 아무도 없다. 그래서 하나님은 우리를 예수 그리스도의 구속으로 말미암아 은혜로 구원하신 것이다.

우리가 행위로 구원받은 것이 아니기 때문에 행위는 구원받은 증거가 될 수 없다. 행위로 구원받은 것이 아닌데 어찌 행위가 구원받은 증거가 될 수 있겠는가?

구원받은 증거는 우리가 구원받은 것과 직접적인 연관이 있는 것이어야 한다. 우리로 하여금 구원을 받게 한 근거가 되는 그것이 바로 증거가 되는 것이다.

우리의 행위는 구원받는 것과는 전혀 상관이 없다. 구원과 상관이 없는 우리의 행위는 구원받은 증거가 될 수 없다.

많은 사람들이 구원받은 증거로 선을 행하는 것과 하나님의 말씀에 순종하는 것, 하나님을 찬양하고 기도하는 것, 전도하고 하나님의 은사와 기적을 체험하는 것, 형제와 이웃을 사랑하고, 구제하고 봉사하는 것, 등 많은 영적인 행위들을 그 증거로 제시한다.

그러나 구원받은 자들에게 나타나는 이러한 행위들은 다 하나님을 기쁘시게 하고 하나님을 영화롭게 하는 영적 신앙생활의 열매들이요, 하나님의 자녀들에게 점진적으로 나타나는 특징들이다. 이러한 행위들은 구원받은 증거가 아니다. 구원받은 이후의 모든 선한 행위들은 우리에게 장차 받을 보상과 칭찬과 존귀와 면류관과 관련이 있는 것들이지, 구원받는 것과는 전혀 상관이 없다.

이러한 선한 행위들은 구원받은 자들에게 나타날 수도 있고, 미처 나타나지 못할 수도 있다.

이러한 선한 행위들이 구원받은 증거라면, 죽음을 앞에 둔 사람들에게는 구원받을 수 있는 기회가 거의 없을 것이다.

왜냐하면, 그들에게는 선을 행할 수 있는 시간적인 여유가 조금도 없기 때문이다. 그러나 전혀 그렇지 않다.

죽음을 앞에 둔 사람들에게도 얼마든지 구원받을 수 있는 기회가 있다. 이는 행위로 구원받는 것이 아니기 때문이다.

죽기 직전에 십자가 위에서 구원받은 한 강도나, 죽기 직전에 예수님을 구주로 영접하여 구원받은 사람들에게는 그러한 영적인 선한 행위나 선한 열매들이 전혀 없다.

그렇다고 해서 그들이 구원받지 못한 것이 아니다.

그들은 다 예수님을 그리스도로 믿음으로 말미암아 구원받은 하나님의 자녀들이 되었다. 구원은 믿음으로 받는 것이지 그 어떠한 선한 행위로 받는 것이 아니다.

또한, 구원받은지 오래된 사람들에게도 신앙생활의 열매

가 전혀 없는 사람들이 얼마든지 있다. 그들은 하나님을 기쁘시게 하기보다 오히려 원치 아니하는 악을 행할 때가 훨씬 더 많다.

그렇다고 해서 그들이 구원받지 못한 것은 아니다. 이런 사람들은 구원을 얻되 불 가운데서 구원을 받는 것같이 상급은 전혀 없고 몸만 겨우 구원받는 사람들이다(고전3:15). 그들에게는 선한 행실의 증거가 거의 없다.

아니, 구원받은 하나님의 자녀라 할지라도 육신으로는 죄만 짓다가 하나님의 징벌을 받아서 중간에 죽을 수도 있다.

고린도 교회의 한 성도는 이방인 중에도 없는 그 아버지의 아내를 취하는 음행의 죄를 범하였다. 그 소식을 들은 사도 바울은 이러한 자를 너희 중에서 내쫓으라고 하였다.

그리고 사도의 권위로 "이런 자를 사탄에게 내주었으니 이는 육신은 멸하고 영은 주 예수의 날에 구원을 받게 하려 함이라"고 하였다(고전5:5). 구원받은 성도라 할지라도 선한 열매는커녕, 죄만 짓다가 하나님의 징벌을 받아서 죽는 자가 많이 있다.

이렇게 구원받은 이후의 잘못 행하는 범죄에 대해서는 하나님께서 징계로 다스리신다. 그러나 그 일로 인하여 구원이 취소되거나 구원을 잃어버리는 것은 아니다.

하나님께서 징계하시는 이유는 세상과 함께 정죄함을 받지 않게 하기 위한 것이다(고전11:32).

구원받은 자라고 해서 항상 선을 행하는 것은 아니다. 오히려 선을 행하기보다 원치 아니하는 악을 행할 때가 훨씬 더 많다. 그렇다고 해서 그 행위로 인하여 이미 얻은 구원이 취소되거나 사라지는 것은 아니다. 행위로 구원받은 것이 아니기 때문에 행위로 구원을 잃어버리지는 않는다. 그러나 하나님의 징계와 징벌을 받게 된다.

만일 행위가 구원받은 증거라면, 그 행위가 사라지면 구원도 함께 사라지게 된다. 이는 있을 수 없는 일이다.

행위는 구원과는 전혀 상관이 없다. 그러나 구원받은 증거를 행위에 둔다면, 그 행위가 사라질 때 구원도 함께 사라지게 된다. 이렇게 구원받은 증거를 행위에 두기 때문에 구원의 확신이 흔들리고 구원의 확신을 갖지 못하는 것이다.

이제 구원받은 외적인 확실한 증거는 무엇인지 알아보자.

2) 구원받은 외적 증거는 오직 믿음뿐이다

"너희는 그 은혜에 의하여 믿음으로 말미암아 구원을 받았으니 이것은 너희에게서 난 것이 아니요 하나님의 선물이라"(엡2:8).

그러면 우리가 구원받은 외적인 확실한 증거는 무엇인가? 구원받은 증거는 우리로 하여금 실제로 구원을 받게 한 그 근거가 되는 것이어야 한다. 곧, 우리를 구원받게 한 그것이 바로 우리가 구원받은 증거가 되는 것이다.
우리가 어떻게, 무엇으로 구원을 받았는가? 만일 우리가 행위로 구원받았다면, 그 행위가 바로 구원받은 증거가 되는 것이다. 그러나 우리는 행위로 구원받은 것이 아니라, 하나님의 은혜에 의하여 믿음으로 말미암아 구원을 받았다. 그러므로 구원받은 증거는 그 믿음이 되는 것이다.

우리가 어떻게 죄 사함 받고, 의롭다 하심을 얻게 되었는가? 그것 역시 믿음으로 말미암아 얻었다. "그에 대하여 모든 선지자도 증언하되 그를 믿는 사람들이 다 그의 이름을 힘입어 죄 사함을 받는다 하였느니라"(행10:43).
"…이 사람을 힘입어 믿는 자마다 의롭다 하심을 얻는 이것이라"(행13:39).

만일 우리가 율법의 행위로 말미암아 의롭다 하심을 얻은 것이라면 그리스도께서 헛되이 죽으신 것이다(갈2:21).

어찌 그러한 일이 있을 수 있겠는가? 율법의 행위로 의롭다 하심을 얻어 구원받을 사람은 아무도 없다(갈2:16).

하나님은 우리로 하여금 그리스도의 구속으로 말미암아 하나님의 은혜로 값없이 의롭다 하심을 얻게 하셨다(롬3:24).

우리가 죄 사함을 받고 의롭다 하심을 얻은 것은 오직 하나님의 은혜로 인하여 예수 그리스도를 믿는 그 믿음으로 말미암아 얻은 것이다.

우리가 어떻게 영생을 얻었는가?

우리가 영생을 얻은 것도 예수 그리스도를 믿는 그 믿음으로 말미암은 것이다. "내 아버지의 뜻은 아들을 보고 믿는 자마다 영생을 얻는 이것이니"(요6:40).

"내가 하나님의 아들의 이름을 믿는 너희에게 이것을 쓰는 것은 너희로 하여금 너희에게 영생이 있음을 알게 하려 함이라"(요일5:13).

예수께서 그리스도이심을 믿고 마음에 영접한 자는 이미 예수 그리스도로 말미암아 그 안에 영생이 있는 자이다.

믿음이 없이는 영생도 얻지 못하고, 믿음이 없이는 구원도 얻지 못한다.

우리가 영생을 얻은 것도 믿음으로 말미암은 것이요, 구원을 받은 것도 하나님의 은혜에 의하여 믿음으로 말미암아 된 것이다. 우리의 행위로 된 것은 하나도 없다.

우리가 또한 어떻게 하나님의 자녀가 되었는가?
"영접하는 자 곧 그 이름을 믿는 자들에게는 하나님의 자녀가 되는 권세를 주셨으니"(요1:12). "예수께서 그리스도이심을 믿는 자마다 하나님께로부터 난 자니"(요일5:1).
예수께서 그리스도이심을 믿는 자마다 그는 이미 하나님께로부터 난 하나님의 자녀이다.
우리가 하나님의 자녀로 거듭난 증거는 행위에 있는 것이 아니라, 오직 예수께서 그리스도이심을 믿는 그 믿음에 있다. 우리는 누가 하나님의 자녀로 거듭났는지 그 행위를 보고서는 전혀 알 수가 없다. 그러나 예수님을 그리스도로 믿는 그 믿음을 통해서는 금방 알 수 있다. 이는 예수님을 그리스도로 믿는 자마다 그는 하나님께로부터 난 하나님의 자녀이기 때문이다. 그러므로 우리가 하나님의 자녀 된 증거는 바로 예수님을 그리스도로 믿는 그 믿음에 있는 것이다.

구원받은 증거는 여러 가지가 아니다.
구원받은 외적인 증거는 오직 믿음뿐이다.

예수님을 그리스도로 믿지 아니하는 자는 영생을 얻지 못한 자요, 하나님의 자녀가 아니며 아직 구원받지 못한 자이다. 그러나 예수 그리스도를 믿음으로 죄 사함 받고, 의롭다 하심을 얻은 자는 이미 구원을 받은 자이다.

예수 그리스도를 믿음으로 영생을 얻은 자도 이미 구원을 받은 자이다. 예수 그리스도를 믿음으로 하나님의 자녀로 거듭난 자도 이미 구원을 받은 자이다.

이렇게 구원받은 하나님의 자녀라면 누구에게나 예수님을 그리스도로 믿는 그 믿음이 있다. 그러므로 우리가 구원받은 유일한 증거는 오직 예수님을 그리스도로 믿는 그 믿음뿐이다. 이제 구원받은 확실한 증거인 믿음을 통하여 흔들리지 않는 구원의 확신을 갖기 바란다.

그러면, 우리에게 구원받은 믿음이 있는지 어떻게 알 수 있는가? 이제 우리에게 실제로 구원받은 믿음이 있는지 확인해보자.

제4장

구원받은 믿음의
확인 방법

1. 아는 것과 믿는 것
2. 예수 그리스도께서 내 안에 계심
3. 마음으로 믿고 입으로 시인함

제 4 장
구원받은 믿음의 확인 방법

1. 아는 것과 믿는 것

이제 구원에 대한 최대 관건은 다 믿음으로 넘어갔다.
예수 그리스도를 믿기만 하면 구원을 받은 것이지만, 믿지
아니하는 자는 구원받지 못한 자이다. 이제 관건은 내게 실
제로 구원받은 믿음이 있느냐 하는 것이다. 내게 구원받은
믿음이 있다면 나는 당연히 구원받은 자이다.
그러면 내게 믿음이 있다는 것을 어떻게 알 수 있는가?
믿음이 있다는 그 증거는 무엇인가?

여기서 잠간, 믿는 것과 아는 것의 차이점을 먼저 알아보
자. 이것을 구별하는 일은 매우 중요하다.
먼저 예수 그리스도에 대하여 아는 것과 믿는 것은 전혀
다르다는 것을 분명히 말해두고자 한다.
이 둘은 너무나 비슷하기 때문에 내가 지금 믿고 있는 것

인지, 아니면 단순히 알고 있는 것인지 자신조차 구별하기가 쉽지 않을 것이다. 물론, 물과 불의 큰 시험을 당하거나 죽음의 시험 앞에서는 금방 구별이 가능하다. 그러나 그때는 이미 늦을 수도 있다. 그러므로 이 둘을 먼저 구별하는 것은 매우 중요하다. 많은 사람들이 구원에 대하여 알고 있는 것을 믿고 있는 것으로 착각할 때가 많이 있다.

아는 것과 믿는 것은 전혀 다르다.

아는 것은 어떤 말씀을 머리로만 깨닫고 이해하는 것이다. 그러나 믿음은, 어떤 사실을 사실 그대로 인정하고 마음에 받아들이는 것이다. 아는 것은 절대로 믿는 것이 아니다. 예수 그리스도와 구원에 대하여 아무리 많이 알아도, 아는 것만으로는 절대로 구원받지 못한다.

교회를 1~2년 정도만 다녔어도, 예수께서 그리스도이심을 믿음으로 구원받는다는 사실을 모르는 사람은 거의 없다. 대부분이 다 안다. 그러나 실제로 그대로 믿고 받아들이는 사람은 그리 많지 않다.

물론 아는 것과 믿는 것이 하나가 되는 것만큼 좋은 것은 없다. 그러나 하나님과 하나님의 말씀을 정확하게 이해하고 안다고 해서 아는 그대로 다 믿는 것은 결코 아니다.

아는 것은 입술로는 하나님을 시인하나 행위로는 부인하는 자니, 가증한 자요 하나님의 말씀에 복종치 아니하는 믿음이 없는 자이다(딛1:16). 이에 대한 실례가 예레미야 42장 1절에서 43장 7절까지 아주 명확하게 나타나 있다.
아는 것은 절대로 믿는 것이 아니다.

　오래전에 어떤 목사님이 천여 명 정도 모이는 한 집회에서 구원받은 사람이 얼마나 되는지 확인해보았다.
여기 모인 사람 중에 "나는 구원받았다", "나는 거듭났다"라고 믿는 사람은 손들어 보세요 하였다. 그랬더니 천여 명 가운데서 고작 10여 명 정도만 손을 들었다.
왜 그런가? 겸손해서 그런가? 아니면 부끄러워서 그런가?
그것도 아니라면 구원에 대해서 몰라서 그런가?
그렇지 않다. 구원에 대해서는 잘 안다.
다만, 구원에 대한 확신이 없기 때문이다.
구원에 대해서 알고는 있지만, 실제로는 그대로 믿고 있지 않음을 스스로 잘 나타내는 것이다. 하나님께 대한 믿음이 없으므로 하나님의 말씀에 대한 확신도 없다. 따라서 하나님의 말씀에 의한 구원의 확신도 없는 것이다. 이는 하나님께서 말씀하신 그대로 실지로 믿지 않고 있음을 말해준다.

　얼마 전에 어떤 목사님조차도 이렇게 말하는 것을 들었다.

"성경에는 그렇게 기록되었지만…, 그리고 그렇게 배웠지만…"이라고 말하면서 하나님의 말씀을 온전히 믿지 못하는 것이었다. 이것이 바로 머리로는 알고 있지만, 마음으로는 그대로 믿고 받아들이지 않는 것이다.

참으로 안타까운 일이다. 당신은 어떠한가?

당신은 예수님께서 그리스도이심을 확실히 믿는가?

아니면 예수 그리스도에 대하여 알고 있는가?

아는 것은 믿는 것과 다르다. 아는 것은 믿는 것이 아니다. 아는 것만으로는 절대로 구원받지 못한다.

그러므로 내가 지금 구원에 대하여 지식적으로 알고 있는 것인지, 아니면 아는 그대로 믿고 있는 것인지, 반드시 확인해 보아야 한다. 그렇지 않으면 나중에 가서 돌이킬 수 없는 크나큰 후회를 할 수도 있다.

하나님의 말씀 그대로 "주 예수를 믿으라 그리하면 너와 네 집이 구원을 받으리라"(행16:31)

  그러면, 내게 구원받은 믿음이 있다는 것을 어떻게 알 수 있는가?

나는 지금 예수님을 그리스도로 확실히 믿고 있는 것인가?

이제 내게 실제로 믿음이 있는지 확인해보자.

2. 예수 그리스도께서 내 안에 계심

"너희는 믿음 안에 있는가 너희 자신을 시험하고 너희 자신을 확증하라 예수 그리스도께서 너희 안에 계신 줄을 너희가 스스로 알지 못하느냐 그렇지 않으면 너희는 버림받은 자니라" (고후13:5).

나는 과연 믿음이 있는가, 시험해보고 확증해야 한다.

나는 믿음에 있는 자인가? 믿음에 있는 자는 예수 그리스도께서 그 안에 계시는 자라 하였다.

믿음에 있는 자는 이미 예수께서 그리스도이심을 믿음으로, 마음에 영접한 자이기 때문에 당연히 그 안에 예수 그리스도께서 계시는 자이다(요1:12).

바꾸어 말하면, 예수 그리스도께서 그 안에 계시는 자는 이미 예수님을 그리스도로 믿음으로 마음에 영접한 자이다.

곧 예수 그리스도께서 그 안에 계시는 자는 믿음에 있는 자이다.

그러므로 예수 그리스도를 믿는 자는 그 안에 이미 그리스도께서 계시는 자요, 하나님의 아들이신 예수 그리스도께서 그 안에 계시는 자는 그로 말미암아 영생이 있는 자요, 하나님께로부터 난 하나님의 자녀이다(요일5:1, 12).

예수님을 그리스도로 믿는 믿음이 있는 자는 이미 내 안에 예수 그리스도께서 계시는 자이다. 확실히 믿기 바란다.

그러면 이 믿음이 내게 있다는 것을 어떻게 알 수 있는가?
예수께서 그리스도이심을 믿는 그 믿음은 어떻게 나타나는
가?

3. 마음으로 믿고 입으로 시인함

"사람이 마음으로 믿어 의에 이르고 입으로 시인하여 구원에 이르느니라" (롬10:10).

믿음은 반드시 밖으로 드러나고 나타나고 표현되게 되어 있다. 그 나타나는 믿음의 증거를 통해서 내게 믿음이 있음을 확인해야 한다. 구원에 대한 믿음은 어떻게 나타나는가? 먼저, 하나님의 말씀 안에는 이미 이루어진 어떤 사실들과 앞으로 이루어지게 될 약속들이 포함되어 있음을 알아야 한다.

구원에 대한 믿음은 하나님의 약속에 대한 믿음이 아니다. 구원의 믿음은 예수 그리스도로 말미암아 이미 과거에 이루어진 사실에 대한 믿음이다. 성경에서 과거라는 말은 어떤 일이 이미 지나갔음을 뜻하는 말이 아니라, 어떤 일이 이미 이루어져 사실이 되었음을 뜻하는 말이다.

어떤 일이 이미 그렇게 성취되고 확정되었다는 뜻이다. 구원의 믿음은 예수님께서 우리를 구원하신 그 사실에 근거하여 예수님을 주와 그리스도로 믿는 것이다.

믿음은 대부분 말이나 행동이나 태도를 통해서 나타나게

되어 있다. 그래서 믿음은 보이는 것이다(행14:9, 마9:2).
그러나 믿음을 보기 위해서는 반드시 먼저 세 가지 전제
조건을 거쳐야만 한다.
이에 대해서는 다음에 설명하기로 하자.

그러면 구원의 믿음은 어떠한 말과 태도로 나타나게 되
는가?
생활의 믿음은 그 믿음이 반드시 말과 행동으로 증명되고
나타나고 표현된다.
그러나 구원의 믿음은 이미 과거에 이루어진 사실에 대한
믿음이기 때문에, 그 믿음이 마음으로 믿는 것을 그대로 입
으로 시인하는 것과 그 태도를 통해서 나타나게 된다.
"사람이 마음으로 믿어 의에 이르고 입으로 시인하여 구원
에 이르느니라"(롬10:10). 구원의 믿음은 마음으로 믿는 그
것을 입으로 시인하므로 그 믿음이 있음을 표현하고 나타
나게 된다. 그리고 그 말씀 위에 굳게 서서 그 믿음의 상태
를 끝까지 계속 유지하는 것이다.

또한, 이 믿음은 성령으로 말미암아 믿어지고 성령에 의
해서 표현되는 믿음이다. 예수님께서 가이사랴 빌립보 지
방에서 제자들에게 물으셨다. "너희는 나를 누구라 하느냐"

그러자 "시몬 베드로가 이르되 주는 그리스도시요 살아계신 하나님의 아들이시니이다".

그 말을 들으신 "예수님께서 대답하여 이르시되 바요나 시몬아 네가 복이 있도다. 이를 네게 알게 한 이는 혈육이 아니요 하늘에 계신 내 아버지시니라"(마16:17) 하셨다.

우리가 예수님을 그리스도로 믿게 되고, 믿는 그대로 입으로 고백하게 되는 것은 다 하나님의 성령으로 말미암아 되는 것이다. 성령께서 믿게 하지 아니하셨다면 예수님을 그리스도로 믿지 못한다.

이는, 믿음은 모든 사람의 것이 아니기 때문이다(살후 3:2). 우리가 복음을 들을 때, 예수께서 그리스도이심을 믿게 하시는 분은 바로 성령님이시다.

바울이 빌립보에서 강가에 나가, 거기 모인 사람들에게 복음을 전할 때, 루디아라 하는 한 여자가 말씀을 듣고 있었다. 그때 주께서 그의 마음을 열어 바울의 말을 청종하게 하므로 마침내 주를 믿게 되었다(행16:12-15).

복음을 들을 때, 성령께서 우리의 마음 문을 열어 예수께서 그리스도이심을 믿고 받아들이게 하는 것이다.

성령으로 말미암지 아니하고서는 예수님을 그리스도로 믿을 수도 없고, 성령으로 하지 아니하고서는 누구든지 예수님을 주시라 고백할 자가 없다.

"하나님의 영으로 말하는 자는 누구든지 예수를 저주할 자라 하지 아니하고, 성령으로 아니하고는 누구든지 예수를 주시라 할 수 없느니라"(고전12:3). 우리가 예수님을 주시라 고백하는 것은 우리 안에 계시는 성령으로 말미암아 되는 것이다. 그러므로 성령으로 말미암아 예수님을 하나님의 아들 그리스도로 마음에 믿고, 믿는 그대로 입으로 시인하고 고백하는 자는 구원을 받은 자요, 그 안에 예수 그리스도께서 계신 자요, 이미 구원받은 믿음이 있는 자이다. 믿음이 있다는 것은 이같이 마음으로 믿는 것을 입으로 시인하고 고백하는 것으로 나타나고 증명된다.

또 한 가지 믿음의 증거가 더 있다.
예수께서 그리스도이심을 믿는 자는 다 하나님께로부터 난 하나님의 자녀들이다(요일5:1). 하나님의 자녀들에게는 하나님께서 그 마음에 보내주신 그 아들의 영으로 말미암아 하나님을 아빠 아버지라고 부르게 된다(롬8:15).
"너희가 아들이므로 하나님이 그 아들의 영을 우리 마음 가운데 보내사 아빠 아버지라 부르게 하셨느니라"(갈4:6). 그러므로 성령으로 말미암아 하나님을 아빠 아버지라고 부르는 자는 다 하나님의 자녀요, 예수께서 그리스도이심을 믿는 믿음이 있는 자이다. 이렇게 하나님의 자녀들은 성령으로 말미암아 하나님을 아빠 아버지라 부르므로 그 믿음이 있음을 드러내고 나타내게 되는 것이다.

그러므로 우리에게 구원받은 믿음이 있다는 확실한 증거는 마음으로 믿는 그것을 입으로 시인하는 것이다.

곧 성령으로 말미암아 예수께서 그리스도이심을 믿고 고백하는 것이다. 뿐만 아니라 성령으로 말미암아 예수님을 주시라 고백하고 성령으로 말미암아 하나님을 아빠 아버지라 부르는 그것이다.

이렇게 밖으로 표현되는 믿음의 증상들은 우리에게 예수 그리스도에 대한 믿음이 있다는 확실한 증거이다.

이러한 믿음의 고백이 당신에게 있은즉, 당신은 예수 그리스도를 확실히 믿는 자이다.

당신은 성령으로 말미암아 예수님을 그리스도로 마음에 믿고, 믿는 그대로 입으로 시인하며 고백하는가?

그렇다면 당신은 확실히 예수님을 그리스도로 믿는 믿음이 있는 자이다. 그러므로 그 믿음으로 말미암아 당신은 이미 구원을 얻었고, 하나님의 자녀로 거듭났으며 영생을 얻었고, 예수 그리스도께서 당신 안에 계시는 자이다.

확실히 믿기 바란다.

구원의 견고함
- 구원의 영원성

제 5 장
구원의 견고함 – 구원의 영원성

우리가 예수 그리스도를 믿음으로 이미 얻은 구원은 영원히 변함이 없는 것인가?

아니면, 신앙생활 도중에 잃어버릴 수도 있는 것인가?

몇 년 전에 한 신학교에서 목회자 약 500명을 대상으로 하여 거의 1년 동안 구원에 대하여 설문 조사를 한 것이 기독교 신문에 실린 적이 있었다. 설문에 참여한 목회자 약 500명에게 "구원은 어떻게 받나요"라는 질문이 있었다.

그 질문에 목회자 500명 가운데서 59%만이 "예수 그리스도를 믿음으로" 구원을 받는다고 답했다.

그리고 또 다른 질문에서 목회자 47.5%가 "구원을 중간에 잃어버릴 수도 있다"라고 답변하였다.

참으로 안타까운 일이다.

당신은 이미 얻은 구원에 대하여 어떻게 믿고 있는가?

예수 그리스도를 믿음으로 이미 얻은 구원을 중간에 잃어
버릴 수도 있는 것인가?

아니면, 한번 받은 구원은 영원히 변함이 없는 것인가?

이제 이에 대하여 하나님의 말씀은 어떻게 말씀하고 계시
는지 알아보자.

1. 하나님의 예정하신 뜻대로 구원하심

"그 기쁘신 뜻대로 우리를 예정하사 예수 그리스도로 말미 암아 자기의 아들들이 되게 하셨으니" (엡1:5),

"곧 영원부터 우리 주 그리스도 예수 안에서 예정하신 뜻대 로 하신 것이라" (엡3:11),

우리의 구원은 하나님의 영원한 예정에 근거한 것이다.
우리의 구원은 우리가 태어난 후에 우리의 행위에 의해서 결정된 것이 아니다. 우리의 구원은 이미 창세 전에 그리스 도 안에서 처음부터 하나님의 뜻에 의하여 미리 예정되어 있었다. 하나님은 그리스도 안에서 구원하실 자들을 처음 부터 미리 택하여 놓으신 것이다.

예수 그리스도를 믿는 자들은 이미 창세 전에 그리스도 안 에서 예수 그리스도로 말미암아 하나님의 아들들이 되도록 하나님의 뜻대로 이미 정해져 있었다.

우리가 예수 그리스도를 믿음으로 구원받게 된 것은 하나 님께서 우리를 처음부터 구원하시기로 택하셨기 때문이다.

"하나님이 처음부터 너희를 택하사 성령의 거룩하게 하심 과 진리를 믿음으로 구원을 받게 하심이니"(살후2:13).

처음부터 하나님의 택하심을 받은 자는 다 진리를 믿음으로 구원받게 하신다. 이것이 바로 하나님 아버지의 뜻이다.

　　우리를 구원하시는 일은 우리의 일이 아니라 성 삼위 하나님의 일이다.　하나님 아버지께서 창세 전에 그리스도 안에서 우리를 택하사, 예수 그리스도로 말미암아 우리를 하나님의 아들들이 되도록 하나님의 기쁘신 뜻대로 미리 예정해 놓으셨다(엡1:3-5).　그리고 하나님의 아들 예수 그리스도께서 하나님의 뜻대로 행하사, 그의 피로 말미암아 우리를 죄에서 구속하셨다(엡1:7).

그리고 성령님께서 구원의 복음을 통하여 처음부터 구원하시기로 택하신 자들을 찾아 예수 그리스도를 믿게 하심으로 구원받게 하시는 것이다.　그러므로 우리를 구원하시는 일은 전적으로 처음부터 끝까지 다 하나님의 일이다.

하나님께서 그의 성령으로 말미암아 택하신 자들을 찾아 구원하시고, 구원하신 하나님의 자녀들을 그리스도의 증인이 되게 하여, 성령으로 복음을 전하게 하심으로 하나님의 구원의 뜻을 계속해서 이루어 나가는 것이다.

　　로마서 8장에는 하나님께서 우리를 어떻게 구원해 나가시는지, 그 구원의 전 과정을 아주 간단명료하게 보여 주셨다. "하나님이 미리 아신 자들을 또한 그 아들의 형상을 본받게 하기 위하여 미리 정하셨으니 이는 그로 많은 형제 중에서 맏아들이 되게 하려 하심이니라, 또 미리 정하신 그들을 또한 부르시고 부르신 그들을 또한 의롭다 하시고 의롭다 하신 그들을 또한 영화롭게 하셨느니라"(롬8:29-30).

하나님은 창세 전에 그리스도 안에서 미리 아신 자들을 하나님의 아들의 형상을 본받게 하기 위하여 미리 정하셨다. "미리 정하셨다"는 말은 다른 것과 구별하기 위해서 미리 체크 표시해 놓으셨다는 말이다.

미리 구별하여 점찍어 놓으신 것이다. 하나님은 창세 전에 그리스도 안에서 미리 아신 자들을 미리 체크 표시해 두셨다. 그리고 체크 표시하여 정하신 그들을 부르시고 부르신 그들을 또한 의롭다 하셨다.

그리고 의롭다 하신 그들을 또한 영화롭게 하셨다.

이 모든 일은 하나님께서 구원하시기로 택하신 자들을 위하여 하신 일이다.

우리가 구원받기 위하여 한 일은 하나도 없다. 하나님께서 계획하시고 그 예정하신 뜻대로 행하여 다 이루신 일이다. 이렇게 하나님은 우리의 구원에 관한 장래의 모든 역사를 처음부터 끝까지 이미 다 이루시고 완성하셨다.

하나님은 미리 아신 자들 곧 하나님께서 미리 정하신 그들을 한 명도 빠짐없이 다 부르시고 그들을 의롭다 하시고 그들을 다 영화롭게 하신 것이다.

그러므로 우리가 신앙생활 도중에 중간에서 낙오되고 구원을 잃어버리는 일은 절대로 없다. 만약, 체크 표시하여 정하신 자를 단 한 명이라도 빠뜨려 영화롭게 하지 못하신다면, 빠진 사람도 억울하겠지만 하나님께서는 말할 수 없는 큰 타격을 입게 될 것이다.

그러나 그러한 일은 절대로 일어나지 않는다. 하나님은 창세 전에 택하신 자들을 한 명도 빠짐없이 그들을 다 구원하여 이미 영화롭게 하시고 모든 일을 다 끝마치셨다.

우리에게는 그 과정만 남은 것이지, 하나님께서는 모든 구원하시는 일을 이미 다 완성하시고 끝마치셨다.

그러므로 우리의 구원은 이미 그리스도 안에서 영화롭게 하심으로 완성되고 끝마쳐진 것이다. 우리가 중간에 구원을 잃어버리는 일은 절대로 일어나지 않는다. 우리의 구원은 하나님의 영원한 구원의 예정 가운데서 하나님께서 이루어 나가시므로 이미 완성되고 영화롭게 되었기 때문이다.

그러므로 현재 우리가 받은 구원은 하나님의 택하심에 근거하여 영원히 변함이 없다. 확실히 믿기 바란다.

2. 하나님의 은혜로 구원하심

"하나님이 우리를 구원하사 거룩하신 소명으로 부르심은 우리의 행위대로 하심이 아니요 오직 자기 뜻과 영원 전부터 그리스도 예수 안에서 우리에게 주신 은혜대로 하심이라" (딤후1:9).

"그리스도 예수 안에 있는 속량으로 말미암아 하나님의 은혜로 값없이 의롭다 하심을 얻은 자 되었느니라" (롬3:24).

"너희는 은혜로 구원을 얻은 것이라" (엡2:5).

우리의 구원은 하나님의 영원하신 계획과 뜻에 의해서 이루어진 것이다. 구원은 우리가 태어난 후에 우리의 상태나 행위에 의해서 결정되는 것이 아니다. 구원은 우리가 태어나기도 전에, 무슨 선이나 악을 행하기도 전에, 그리스도 안에서 하나님의 기쁘신 뜻에 의해서 미리 결정되어졌다. 우리의 상태나 행위는 하나님의 구원에 전혀 영향을 미치지 못한다. 하나님은 그리스도 안에서 구원받을 자, 곧 하나님의 자녀가 될 자를 창세 전에 그리스도 안에서 미리 다 정해 놓으셨다. 이제 남은 것은 그 예정하신 뜻대로 하나님께서 이루어 나가시는 것이다.

우리의 구원은 어느 날 갑자기 우연히 일어난 일이 절대로 아니다. 우리의 구원은 하나님의 완전하신 구원 계획에 따라서 하나님의 뜻대로 이루어진 것이다.

하나님은 사람이 그 행위로 구원받을 수 없음을 아시고 은혜로 구원하시기로 뜻을 정하셨다. 하나님은 우리의 행위를 보시고 우리를 구원하신 것이 아니라, 하나님의 긍휼하심을 따라 하나님의 은혜로 구원하신 것이다(딤후1:9, 딛3:5).

하나님께서 예수 그리스도를 통해서 이루어 놓으신 우리의 구원을 우리에게 은혜로 거저 주신 것이다.

하나님은 우리에게 은혜로 주신 구원을 마음이 바뀌어서 되찾아 가시지 않는다. 구원은 하나님께서 우리에게 아무런 조건 없이 은혜로 거저 주신 것이지, 우리가 착하거나 의롭기 때문에 조건적으로 구원을 주신 것이 아니다.

우리가 구원을 받은 후에 우리의 행위가 하나님 마음에 들지 않는다고 해서 우리에게 주셨던 구원을 되찾아 가시는 일은 절대로 없다.

또한, 우리가 구원을 받은 후에 우리의 잘못된 행위로 인해서 구원을 잃어버리는 것도 아니다. 우리의 구원은 행위와는 전혀 상관이 없다. 행위로 구원받은 것이 아니기 때문에 행위로 구원을 잃어버릴 가능성은 전혀 없다.

우리가 믿음으로 얻은 구원을 행위로 지키거나 행위로 유지하는 것이 절대로 아니다.

행위는 보상과 징계와 관련이 있는 것이다. 행위에는 반드시 그 행한 대로 보응이 따르게 된다(롬2:6-10, 렘17:10). 이에 대해서는 다음에 자세히 살펴보기로 하자.

하나님께서 은혜로 우리에게 주신 구원은 진짜로 주신 것이지, 장난삼아 농담으로 주신 것이 아니다.

잠시 맡겨놓았다가 되찾아가는 저당물 같은 것이 아니다.

그러므로 하나님께서 주신 구원을 믿음으로 받은 자는 영원히 구원을 받은 것이다. 확실히 믿기 바란다.

3. 하나님의 보호하심

1) 하나님의 능력으로 보호하심

"너희는 말세에 나타내기로 예비하신 구원을 얻기 위하여 믿음으로 말미암아 하나님의 능력으로 보호하심을 받았느니라" (벧전1:5).

하나님께서 우리를 어떻게 지키시고 보호하시는가?
우리는 내 자신을 내가 지키고 보호하는 것이 아니다.
내 자신에 대한 보호자는 내가 아니다. 우리에게는 우리 자신을 마귀와 세상으로부터 지킬 수 있는 능력이 거의 없다.
구원받은 하나님의 자녀들을 지키시고 보호하시는 분은 우리가 아니라 우리의 하나님 아버지이시다. 우리를 지키시고 보호하시는 것은 전적으로 하나님의 능력에 달려있다.
하나님은 우리를 말세에 나타내기로 예비하신 구원을 얻게 하기 위하여 하나님의 능력으로 우리를 보호하신다.
여기서 "말세에 나타내기로 예비하신 구원"은, 예수 그리스도께서 영광중에 다시 오실 때에 얻게 될 성도의 몸의 구원, 곧 영화 구원을 말하는 것이다.
영화 구원은 성도가 얻게 될 구원의 마지막 단계이다.
하나님은 우리가 구원의 최종 단계인 영화 구원을 얻게 하기 위하여, 예수 그리스도를 믿는 그 믿음으로 말미암아 하나님의 능력으로 우리를 끝까지 보호하신다.

우리가 보호받는 것은 우리의 능력에 있는 것이 아니라, 전적으로 하나님의 능력에 달려있다. 하나님은 능치 못하심이 전혀 없는 전능하신 분이시다(창18:14).

사람으로서는 할 수 없으되 하나님은 모든 것을 다 하실 수 있다(마19:26). 전능하신 하나님께서 우리를 지키시매 아무도 우리를 하나님의 손에서 빼앗아 갈 자가 없다.

"내가 그들에게 영생을 주노니 영원히 멸망하지 아니할 것이요 또한 그들을 내 손에서 빼앗을 자가 없느니라. 그들을 주신 내 아버지는 만물보다 크시매 아무도 아버지의 손에서 빼앗을 수 없느니라. 나와 아버지는 하나이니라 하신대"(요10:28-30)

하나님께서 주신 영생을 얻은 자는 영원히 멸망하지 않는다. 이는 영생을 주신 하나님과 우리 주님께서 우리를 자기 눈동자 같이 지켜주시기 때문이다.

만물보다 크신 하나님과 우리 주님께서 우리를 지키시는데 누가 우리를 아버지의 손에서 빼앗아 갈 수가 있겠는가?

사망이나 생명이나 다른 어떤 피조물이라도 우리를 우리 주 그리스도 예수 안에 있는 하나님의 사랑에서 끊을 수 없다. "내가 확신하노니 사망이나 생명이나 천사들이나 권세자들이나 현재 일이나 장래 일이나 능력이나 높음이나 깊음이나, 다른 어떤 피조물이라도 우리를 우리 주 그리스도 예수 안에 있는 하나님의 사랑에서 끊을 수 없으리라 "(롬8:38-39).

이는 하나님께서 자기의 사람들을 영원한 사랑으로 끝까지 지키고 보호하시기 때문이다. 우리에게 영생을 주시고 우리로 영화 구원을 얻게 하기 위하여 능력으로 우리를 보호하시는 이는 우리 하나님 아버지이시다.

그가 우리를 위하여 그 아들과 함께 모든 것을 우리에게 은사로 거저 주셨다. 하나님께서 이같이 우리를 위하시는데 누가 우리를 대적하겠는가? 우리를 의롭다 하시고 이미 영화롭게 하신 이는 우리 하나님 아버지이시다.

의롭다 하신 이는 하나님이시니 누가 우리를 정죄하겠는가? 이미 영화롭게 하신 이가 하나님이신데 누가 무슨 말을 더 하겠는가? 우리를 위하여 죽으실 뿐만 아니라, 지금도 하나님 우편에서 우리를 위하여 간구하시는 이가 우리 주 예수 그리스도이신데, 누가 우리를 그리스도의 사랑에서 끊을 수 있겠는가?(롬8:31-35)

우리를 사랑하시고 우리를 위하시는 하나님께서 그 능력으로 우리를 보호하심으로 우리는 영원히 안전하다.

2) 믿음으로 말미암아 보호하심을 받음

"너희는…믿음으로 말미암아 하나님의 능력으로 보호하심을 받았느니라"

하나님은 우리의 믿음을 통해서 하나님의 능력으로 우리를 보호하신다. 우리가 하나님의 보호하심을 받는 것은 우리의 믿음을 통해서이다.

하나님은 우리의 믿음으로 말미암아 세상을 이기게 하심으로 그 믿음을 통해서 우리를 보호하신다.

"무릇 하나님께로부터 난 자마다 세상을 이기느니라. 세상을 이기는 승리는 이것이니 우리의 믿음이니라"(요일5:4).

하나님은 하나님께로부터 난 자마다 그 믿음으로 말미암아 세상을 이기게 하심으로 세상으로부터 우리를 지켜주신다.

우리가 잘 아는 다니엘의 세 친구, 사드락과 메삭과 아벳느고는 느부갓네살 왕의 명을 어기고 왕이 세운 금 신상에 절하지 아니하였다. 이로 인하여 그 세 사람은 왕 앞에 끌려가 왕의 심문을 받았다. 왕은 이제라도 자기가 세운 금 신상 앞에 엎드려 절하면 좋거니와, 그렇지 아니하면 극렬히 타는 풀무 불 속에 던져 넣을 것이라고 위협하였다.

이를 거절하자, 왕은 그 세 사람을 결박한 채로 극렬히 타는 풀무 불 속에 던져 넣었다. 그런데 이 어찌 된 일인가! 풀무 불 속에 던져진 사람은 세 사람이었는데, 풀무 불 속에서 돌아다니고 있는 사람은 네 사람이었다.

하나님께서 그 사자를 보내어 풀무 불 속에서 그들을 지키시고 보호하신 것이다.

이를 보고 놀란 왕이 그들을 나오라고 하자 그 세 사람이 풀무 불 속에서 걸어 나왔다. 그리고 "총독과 지사와 행정관과 왕의 모사들이 모여 이 사람들을 본즉 불이 능히 그들의 몸을 해하지도 못하였고 머리털도 그을리지 아니하였고 겉옷 빛도 변하지 아니하였고 불 탄 냄새도 없었더라"고 하였다(단3:27).

이를 보고 느부갓네살 왕이 하나님을 찬송하며 하나님을 높이고 하나님만이 구원자이심을 모든 사람들 앞에서 선포하게 되었다(단3:28-29). 하나님께서 하나님만을 믿고 섬기는 이 세 사람을 그 믿음대로, 그 믿음을 통하여 하나님의 능력으로 보호하신 것이다.

이러한 믿음의 사람은 세상도 감당하지 못한다(히11:38). 하나님께서 그 믿음을 통하여 세상의 모든 것을 이기게 하시는 것이다. 하나님은 우리가 예수께서 그리스도이심을 믿는 그 믿음으로 말미암아 세상을 이기게 하심으로 세상으로부터 우리를 지켜주신다.

또한, 하나님은 우리를 그리스도 안에서 그리스도로 말미암아 세상의 모든 것을 이기게 하심으로 우리를 지키시고 보호하신다(고후2:14, 롬8:37).

우리가 그리스도 안에서 모든 것을 넉넉히 이길 수 있는 것은 우리로 말미암은 것이 아니라, 내 안에서 능력으로 역사하시는 그리스도로 말미암은 것이다.

그러므로 사도 바울은 "내게 능력 주시는 자 안에서 내가 모든 것을 할 수 있다"고 하였다(빌4:13).

내 힘으로 하는 것이 아니라 내 안에서 능력으로 역사하시는 이의 역사하심을 따라 그대로 하는 것이다(골1:29).

그리할 때, 우리가 예수 그리스도로 말미암아 모든 것을 넉넉히 이기게 된다(롬8:37, 고전15:57).

모든 것을 그리스도 안에서 그리스도로 말미암아 이김을 주시는 하나님으로 인하여 우리가 보호하심을 받는 것이다.

이렇게 하나님의 보호하심으로 구원받은 우리는 영원히 안전하다.

4. 하나님의 말씀이 구원을 보장해 줌

구원에 대한 하나님의 말씀이 우리의 구원을 확실하게 보장해 준다. 우리의 구원은 영원히 변치 않는 하나님의 말씀에 근거한 것이다. 하나님의 말씀은 말씀하신 그대로 반드시 이루어진다.

"내가 하나님의 아들의 이름을 믿는 너희에게 이것을 쓰는 것은 너희로 하여금 너희에게 영생이 있음을 알게 하려 함이라"(요일5:13). 하나님의 말씀에 하나님의 아들의 이름을 믿는 자에게는 이미 영생이 있다고 말씀하셨다.

하나님께서 그렇게 말씀하셨으면 말씀하신 그대로 예수 그리스도를 믿는 자에게는 이미 영생이 있는 것이다.

하나님께서 그렇다고 말씀하셨으면 그런 것이다.

하나님의 말씀은 우리가 믿을 수 있는 최종적인 권위이다. 더 이상 다른 말이 필요 없다. 하나님의 말씀이면 그것으로 충분하다. 하나님은 거짓말하실 수 없는 미쁘신 분이시다. 하나님은 인생이 아니시니 식언치 아니하신다. 우리가 믿을 수 있는 유일한 분은 오직 미쁘신 하나님 한 분뿐이다.

하나님의 말씀에 "너희는 그 은혜에 의하여 믿음으로 말미암아 구원을 받았으니"라고 하셨다. 하나님께서 그렇게 말씀하셨으면 말씀하신 그대로 우리는 이미 믿음으로 구원을 받은 것이다. 하나님께서 그렇다고 말씀하셨으면 그런 것이지, 이에 무슨 할 말이 더 있는가? 하나님께서 사실이 아닌 것을 가지고 그렇다고 농담이나 거짓말을 하시겠는가? 하나님께서 그렇다고 분명히 말씀하셨는데도 믿지 못한다면, 이는 애초에 하나님을 믿지 아니하는 자이다.

또 하나님께서 "예수께서 그리스도이심을 믿는 자마다 하나님께로부터 난 자"라고 하셨다(요일5:1).
이 말씀 또한 말씀하신 그대로 그런 것이다.
이보다 더 믿을 수 있는 확실한 말씀이 어디 있겠는가?
이러한 하나님의 말씀을 믿지 못하는 자는 하나님을 믿지 아니하는 자요, 더 나아가서 하나님을 믿지 못할 거짓말하시는 분으로 만드는 것이다(요일5:10). 하나님을 믿지 아니하는 사람에게는 더 이상 할 말이 없다. 그러나 하나님을 믿는다고 하면서 하나님의 말씀을 확실히 믿지 못하는 자는 내가 지금 믿음에 있는가, 자신을 시험해보고 확증해야 한다. 구원의 확신을 가질 수 있는 유일한 근거는 하나님의 말씀 외에는 없다. 하나님의 말씀은 영원히 변치 아니하는 세세토록 있는 말씀이다. 이러한 구원에 관한 하나님의 말씀에 의해서 우리의 구원은 영원히 변함이 없다.

5. 예수 그리스도의 보호하심

"내가 그들에게 영생을 주노니 영원히 멸망하지 아니할 것이요, 또한 그들을 내 손에서 빼앗을 자가 없느니라"(요10:28).

하나님 아버지께서 우리를 지켜주실 뿐만 아니라, 하나님의 아들 예수 그리스도께서 우리를 지켜주심으로 우리는 영원히 안전하다. 우리 자신을 지키는 것은 우리가 아니다. 우리는 그리스도의 피로 값 주고 사신 바 된 주의 것이요 주의 소유된 백성이다.

주님의 것을 주님께서 지키시는 것은 당연한 것이다.

주님의 손안에 있는 우리를 누가 빼앗아 갈 수 있겠는가?

주님의 손에서 우리를 빼앗아 갈 자는 아무도 없다.

주님은 하나님의 자녀가 된 우리를 악한 자로부터 안전하게 지켜주신다. "하나님께로부터 난 자는 다 범죄하지 아니하는 줄을 우리가 아노라 하나님께로부터 나신 자가 그를 지키시매 악한 자가 그를 만지지도 못하느니라"(요일5:18).

악한 자 곧 마귀는 사망으로 왕 노릇하는 사망의 세력을 잡은 자이다. 예수님께서 사망으로 말미암아 사망의 세력을 잡은 자, 곧 마귀를 멸하심으로 일생토록 마귀에게 매여 종노릇 하는 자들을 마귀로부터 해방하여 자유케 하셨다

(히2:14-15). 이제 악한 자 곧 마귀는 예수 그리스도에 의하여 멸하여 진 자요, 패한 적장이다. 예수님은 이러한 악한 자가 우리를 만지지도 못하도록 안전하게 지켜주신다. 우리를 악한 자로부터 지키시는 분은 우리가 아니라 우리 주님이시다. 우리 주님께서 우리를 이같이 지켜주시는데 누가 우리를 그리스도의 손에서 빼앗아 갈 자가 있겠는가? 그리스도 안에 있는 우리는 우리 주 예수 그리스도께서 보호하심으로 영원히 안전하다.

뿐만 아니라, 예수님은 영생을 얻은 우리를 하나도 잃어버리지 아니하시고 다 지켜 보호하신다. 영생을 얻은 자 중에 하나라도 잃어버리는 것은 하나님 아버지의 뜻이 아니다. "나를 보내신 이의 뜻은 내게 주신 자 중에 내가 하나도 잃어버리지 아니하고 마지막 날에 다시 살리는 이것이니라"(요6:39). 예수님은 하나님의 뜻대로 영생을 얻은 우리를 하나도 잃어버리지 아니하시고 반드시 마지막 날에 다 생명의 부활을 얻게 하신다.

영생을 얻은 우리를 잃어버리지 않도록 지키시고 보호하시는 일은 우리의 일이 아니라 우리 주님의 일이다(요17:12, 18:9). 주님께서 우리를 안전하게 지키시고 잃어버리지 않도록 보호하심으로 구원받은 우리는 영원히 안전하다.

6. 그리스도의 영원한 속죄

"염소와 송아지의 피로 하지 아니하고 오직 자기 피로 영원한 속죄를 이루사 단번에 성소에 들어가셨느니라." (히9:12).

1) 그리스도의 대신 속죄를 통하여 죄 사함을 받음

사람이 자신이 지은 죄에서 사함 받기 위해서는 반드시 속죄해야 한다.

속죄하지 아니한 죄는 결코 사함 받지 못한다.

속죄란 지은 죄에서 사함 받기 위하여 지은 죄만큼 죄의 값, 곧 죄의 형벌을 받는 것을 말한다.

죄의 값을 치르지 아니하고, 죄의 형벌을 다 받고 끝마치지 아니하고서는 그 지은 죄에서 사함 받을 수가 없다.

죄에서 사함 받기 위해서는 반드시 죄의 형벌을 다 받고 끝마침으로써 속죄해야 한다.

죄 사함이란 속죄를 통하여 정당하게 그 죄에서 용서받아 벗어나는 것을 말한다. "제사장이 그를 위하여 속죄한즉 그가 사함을 받으리라"(레4:31, 35).

속죄란 지은 죄를 사함 받기 위해서 그 죄의 값, 곧 죄의 형벌을 기꺼이 다 받는 것을 말한다.

속죄하지 아니한 죄는 그 죄가 그대로 남아있기 때문에 그 죄에서 사함 받지 못한다.

그러나 죄 값을 다 받음으로써 속죄한 죄는 그 죄가 속하여져서 없어졌기 때문에 그 죄에서 사함 받게 되는 것이다. "제사장은 그 부지중에 범죄한 사람이 부지중에 여호와 앞에 범한 죄를 위하여 속죄하여 그 죄를 속할지니 그리하면 사함을 얻으리라"(민15:28).

속죄하였다는 말은 이미 죄 값을 다 받고 끝마쳤다는 의미이다. 우리는 내 죄에 대한 형벌을 내가 직접 받음으로 속죄한 것이 아니다. 우리는 우리 죄를 위한 그리스도의 대신 속죄를 통하여 우리 죄를 속죄하였다.

죄는 내가 지었는데 내 죄에 대한 형벌을 그리스도께서 대신 받으심으로 내 죄를 대신 속죄한 것이다.

이것이 바로 그리스도를 통한 대신 속죄이다. 그리스도께서 우리 죄에 대한 심판과 형벌을 우리 대신 받으심으로 우리를 대신하여 속죄하셨다. 우리 죄에 대한 속죄는 그리스도의 대신 속죄를 통하여 이미 영원히 이루어졌다.

우리는 그리스도의 대신 속죄를 통하여 내 죄에 대한 심판과 형벌을 내가 다 받음으로써 내 죄를 속죄한 것이다.

우리는 그리스도 안에서 그리스도를 통하여 우리의 죄 값을 우리가 다 받고 끝마침으로써 속죄하였다. 속죄한 죄는 죄가 속하여져서 그 죄에서 반드시 사함을 받는다.

우리 죄를 위한 그리스도의 대신 속죄는 영원한 속죄이다. 그 속죄는 지금도 계속 진행 중이다.

그 속죄의 효력이 영원할 뿐만 아니라, 그리스도의 속죄 자체가 지금 우리를 위하여 속죄하는 것처럼 영원하다.

우리는 그리스도의 영원한 대신 속죄를 통하여 죄 사함 받은 것이지, 속죄하지도 아니하고, 죄의 형벌을 받지도 아니한 상태에서 죄 사함 받은 것이 결코 아니다. 우리는 그리스도의 영원한 대신 속죄를 통하여 우리의 죄 값을 다 받고 속죄함으로써 죄에서 영원히 사함 받게 된 것이다. 그러므로 그리스도의 대신 속죄를 통한 우리의 죄 사함은 정당하고 의로운 것이다. 이제 죄에서 사함 받은 자는 다시 죄로 인하여 정죄 받거나 죄의 형벌을 다시 받지 아니한다.

우리가 그리스도의 영원한 속죄의 사실 하나만 굳게 믿는다면, 구원의 확신은 흔들리지 않고 영원히 견고할 것이다.

우리는 이미 그리스도의 영원한 대신 속죄를 통하여 지은 죄에서 사함 받고 의롭다 하심을 얻었다.

우리 죄를 위한 그리스도의 영원한 속죄가 있는 한 우리의 구원은 영원히 안전하다. 확실히 믿기 바란다.

2) 영원한 속죄의 증거 - 그리스도의 부활하심

그러면 우리가 우리 죄에 대하여 완전한 속죄가 이루어졌는지 어떻게 알 수 있는가?

그리스도의 대신 속죄를 통하여 우리의 죄를 실제로 속죄하였는지 무엇을 보고 알 수 있는가?

그리스도는 우리의 범죄함을 위하여 죽으시고, 우리의 죄 값 곧 우리 죄의 형벌을 다 받고 끝마침으로써 부활하여 영원한 속죄를 이루셨다.

그리스도의 부활하심은 우리의 죄 값을 다 받고 끝마침으로써 속죄하였음을 증명하는 표적이다.

그리스도의 부활이 없다면 우리의 죄를 완전히 속죄하였는지 도무지 알 수가 없다. 그리스도의 부활하심은 죄 값을 다 받고 끝마침으로써, 죄의 형벌인 사망의 감옥에서 풀려나 석방되었음을 뜻하는 것이다.

죄인은 죄 값을 다 받고 속죄하기 전에는 절대로 그 죄의 형벌인 사망의 감옥에서 풀려나 다시 살아날 수가 없다.

죄인이 죄의 형벌인 사망의 감옥에서 풀려났다는 것은 이미 죄 값을 다 받고 끝마침으로써 죄를 완전히 속죄하였음을 뜻하는 것이다.

그러므로 그리스도의 부활하심은 속죄하였음에 대한 영수

증이다. 우리는 그리스도의 부활하심으로 말미암아 우리 죄에 대한 속죄의 영수증을 이미 받은 것이다.

속죄했다는 말은 죄 값을 다 받고 끝마쳤다는 의미이다. 속죄한 죄는 반드시 사함을 받는다(레4:31, 35).

이는 이미 죄 값을 다 받고 끝마쳤기 때문에 죄가 속하여져서 없어졌기 때문이다(민15:28). 이렇게 그리스도의 대신 속죄를 통하여 우리 죄에 대한 속죄는 영원히 이루어졌다. 그러므로 그리스도의 영원한 대신 속죄에 의해서 우리가 죄에서 영원히 사함 받게 된 것이다.

이제 그리스도의 대신 속죄로 말미암아 죄 사함 받은 자는, 다시 그 죄로 인하여 정죄 받지 아니하고 그 죄로 인하여 죄의 형벌을 다시 받지 아니한다.

이렇게 그리스도의 대신 속죄를 통하여 우리가 죄에서 사함 받고, 죄의 형벌인 사망에서 영원히 구원받게 된 것이다. 확실히 믿기 바란다.

7. 이미 하나님의 자녀가 됨

"영접하는 자 곧 그 이름을 믿는 자들에게는 하나님의 자녀가 되는 권세를 주셨으니" (요1:12),

"예수께서 그리스도이심을 믿는 자마다 하나님께로부터 난 자니" (요일5:1),

우리는 예수께서 그리스도이심을 믿음으로 이미 하나님께로부터 태어난 하나님의 자녀가 되었다.

이것은 그리스도 안에서 믿음으로 말미암아 우리에게 이루어진 구원의 사실이다.

우리가 하나님의 자녀로 다시 태어난 이 사실은 절대로 되돌릴 수 없는 일이다. 이미 하나님께로부터 하나님의 자녀로 태어났는데, 이것을 어떻게 되돌릴 수 있겠는가?

이미 그렇게 이루어진 사실은 어떠한 일이 있어도 취소되거나 되돌릴 수가 없다. 영원히 변하지 않는 이미 확정된 사실이다. 이제 예수 그리스도를 믿음으로 말미암아 하나님께로부터 태어난 우리는 영원한 하나님의 자녀이다.

하나님의 자녀가 된 우리의 이름은 이미 하늘의 생명록에 기록되어있다. 그러므로 "너희의 이름이 하늘에 기록된 것으로 기뻐하라" 하셨다(눅10:20).

하나님께로부터 태어난 하나님의 자녀는 이미 하나님의 가족 명부인 생명록에 그 이름이 기록된 것이다. 그러므로 이제부터 우리는 하나님의 가족이 되었다.

"그러므로 이제부터 너희는 외인도 아니요 나그네도 아니요 오직 성도들과 동일한 시민이요 하나님의 권속이라"(엡 2:19). 이제 하나님께로부터 태어난 우리는 영원히 하나님의 자녀이다. 이 사실은 영원히 변하지 않는다.

뿐만 아니라, 우리는 예수께서 그리스도이심을 믿고 마음에 영접함으로 이미 영생을 얻었다. 이 사실 역시 변하지 않는 확정된 사실이다. 영생을 얻은 자가 멸망할 수 있겠는가? 절대로 멸망하지 않는다(요10:28).

그러므로 우리의 구원은 영원히 변함이 없다.

8. 성령으로 인치심을 받음

"그 안에서 너희도 진리의 말씀 곧 너희의 구원의 복음을 듣고 그 안에서 또한 믿어 약속의 성령으로 인치심을 받았으니" (엡1:13).

1) 하나님의 자녀는 다 성령으로 인치심을 받음

하나님은 우리가 구원의 복음을 듣고 예수께서 그리스도이심을 믿을 때에 성령으로 인을 치셨다. 예수 그리스도를 믿는 자들에게는 누구든지 다 성령으로 도장 찍음이 있다. 이것은 특별한 그리스도인에게만 있는 것이 아니라, 모든 그리스도인들에게 동일하게 다 있는 것이다.

여기서 인치심이란, 내게 속한 나의 소유물에 내 것임을 증명하기 위해 내 도장을 찍어 표시해 놓는 것을 말한다.

자기 소유물에 자기 도장을 찍는 것은 그 물건이 자기 소유물임을 확실히 표시하기 위함이다. 그러므로 인침에는 소유의 의미가 있다. 성령으로 인치심도 마찬가지이다.

하나님은 하나님의 자녀들에게 하나님의 자녀라는 증거로 하나님의 아들의 영을 그 마음 가운데 보내주셨다. "너희가 하나님의 아들이므로 하나님이 그 아들의 영을 우리 마음 가운데 보내사 아빠 아버지라 부르게 하셨느니라"(갈4:6).
성령으로 인치심이란, 하나님께서 우리 마음에 보내주신 그
성령께서 우리 마음에 계속해서 머물러 있는 그 상태를 말
하는 것이다. 곧 우리 안에 거하시는 성령의 내주하심이 바
로 성령으로 인침을 받은 것이다.

   하나님께서 보내주신 성령께서 그 마음에 있는 자는 다
성령으로 인침을 받은 하나님의 자녀들이다.
하나님은 수많은 사람들 가운데서 하나님께 속한 하나님의
자녀들에게만 하나님의 자녀라는 표식으로 그 마음에 성령
으로 도장 찍어 표시해 놓으셨다.
그러므로 누구든지 성령으로 인침을 받은 자는 다 하나님
께 속한 하나님의 자녀들이다.   우리가 하나님의 자녀라는
증거가 바로 성령으로 인치심을 받은 것이다.
하나님은 이렇게 우리를 성령으로 인치심으로 하나님의 자
녀로 구별해 놓으셨다.

   그러면 우리가 성령으로 인침을 받았다는 확실한 증거인
성령께서 내 안에 계신 것을 어떻게 알 수 있는가?

2) 성령으로 인치심을 받은 증거

(1) 성령으로 말미암아 예수님을 주시라 시인하게 됨

그러면 우리가 성령으로 인치심을 받았다는 사실을 어떻게 알 수 있는가? 성령으로 인침받은 증거인 성령께서 내 안에 계신 것을 어떻게 알 수 있는가?

그것은 성령께서 내 안에서 구원과 관련하여 하시는 일을 통하여 알 수 있다.

"하나님의 영으로 말하는 자는 누구든지 예수를 저주할 자라 하지 아니하고 또 성령으로 아니 하고는 누구든지 예수를 주시라 할 수 없느니라"(고전12:3).

누구든지 성령으로 말하는 자는 절대로 예수님을 부인하거나 예수님을 저주할 자라고 말하지 아니한다. 이는 성령으로 말하는 자는 이미 그 안에 성령께서 계시기 때문이다.

성령으로 말하는 자가 어찌 예수님을 저주할 자라고 말할 수 있겠는가? 그러한 일은 절대로 없다.

성령은 우리 안에서 우리가 믿음을 저버리지 않도록 우리를 끝까지 지켜주신다. 그러므로 성령으로 말하는 자는 어떠한 고난과 위협을 당하여도 절대로 주님을 부인하거나 저주하지 않는다(욥2:9-10).

하나님은 우리를 죄와 사망에서 구원하신 예수님을 우리의 주와 그리스도가 되게 하셨다(행2:36). 그러나 성령으로 하지 아니하고는 누구든지 예수님을 주시라 할 수 없다. 우리가 예수님을 그리스도로 믿고 예수님을 주시라 시인하게 되는 것은 우리의 뜻대로 되는 것이 아니라, 우리 안에 계시는 성령으로 말미암아 되는 것이다. 여기서 예수님을 주시라 시인하는 것은 입술로만 시인하는 것이 아니라, 마음으로 믿고 입으로 시인하는 것을 말한다(롬10:9-10). 성령으로 말미암아 예수님을 주시라 시인하는 자는 성령께서 그 안에 계시는 자요, 성령으로 인치심을 받은 자이다. 그러므로 성령으로 말미암아 예수님을 주시라 시인하는 것을 통해서 성령께서 그 안에 계신 것을 확실히 알 수 있다.

(2) 하나님을 아빠 아버지라 부르게 됨

하나님의 아들의 영이 그 안에 계시는 자는 그 아들의 영으로 말미암아 자연스럽게 하나님을 아빠 아버지라 부르게 된다.

"너희가 아들이므로 하나님이 그 아들의 영을 우리 마음 가운데 보내사 아빠 아버지라 부르게 하셨느니라"(갈4:6). 우리는 다 예수 그리스도를 믿음으로 말미암아 하나님의 아들이 되었다(갈3:26). 예수께서 그리스도이심을 믿는 자마다 하나님께로부터 난 하나님의 자녀들이다(요일5:1).

하나님은 하나님의 자녀들에게 하나님의 자녀라는 증거로 하나님의 아들의 영을 그 마음에 보내주셨다.

우리가 하나님을 아빠 아버지라 부르게 되는 것은 하나님께서 우리 마음에 보내주신 하나님의 아들의 영으로 말미암아 되는 것이다. 하나님의 아들의 영이 그 안에 없는 자는 하나님을 아빠 아버지라 부르지 못한다.

아니, 혹 부를지라도 그 마음에 하나님의 아들의 영이 없기 때문에, 하나님의 아들의 영이신 성령으로 말미암아 부르는 것이 아니라 입술로만 부르는 것이다. 입술로만 부르는 것은 성령님과는 전혀 상관이 없다. 그러므로 성령으로 말미암아 하나님을 아빠 아버지라 부르는 자는 그 안에 성령께서 계시는 자요, 성령으로 인침을 받은 자이다. 이렇게 성령께서 내 안에 거하시는 확실한 증거를 통해서 내가 성령으로 인침을 받은 하나님의 자녀임을 확신해야 한다.

(3) 성령으로 말미암아 그리스도의 증인이 됨

"오직 성령이 너희에게 임하시면 너희가 권능을 받고 예루살렘과 온 유대와 사마리아와 땅끝까지 이르러 내 증인이 되리라" (행1:8).

누구든지 성령으로 말미암지 아니하고서는 그리스도의 증

인이 될 수 없다. 성령은 우리 안에서 예수님을 주와 그리스도로 믿게 하실 뿐만 아니라, 믿는 그대로 예수님을 그리스도라 시인하고 증거하는 그리스도의 증인이 되게 하신다. 증인은 자기가 직접 보고 듣고 목격한 사실을 사실 그대로 증언하는 자이다. 증언은 예수님에 대하여 자기가 아는 지식을 단순히 전달하거나, 가르치는 것과는 그 성격이 다르다. 증언는 어떤 사실을 목격한 그대로 거짓 없이 그 사실 그대로 말하는 것이다(행4:19-20).

우리는 그리스도의 증인이 아니다.
또한, 우리 스스로 그리스도의 증인이 되고 싶다고 해서 그리스도의 증인이 될 수 있는 것도 아니다.
그리스도의 증인은 그리스도의 삶과 그의 죽으심과 부활을 직접 체험한 목격자이어야 한다.
어떤 사람이 성경을 통해서 그리스도에 대하여 지식적으로 많이 안다고 해서 그것으로 그리스도의 증인이 되는 것은 결코 아니다. 그리스도를 지식적으로 아는 것만으로는 절대로 그리스도의 증인이 될 수 없다.
성령을 받지 아니한 사람도 얼마든지 그리스도의 교사가 될 수 있고, 신학자도 될 수 있고 목사와 장로도 될 수 있다. 그러나 성령께서 그 안에 계시지 아니한 자는 결코 그리스도의 증인은 될 수 없다. 증인은 그 모든 사실을 직접 보고 듣고 체험한 목격자이어야 하기 때문이다.

　그러면 그리스도의 목격자도 아닌 우리가 어떻게 그리스도의 증인이 될 수 있는가?

예수님 당시의 예수 그리스도의 증인들은 모두 다 죽었다. 그러나 영원히 죽지 아니하시고 살아 계신 그리스도의 증인이 꼭 한 분 계시다. 그분이 바로 하나님의 영이신 성령님이시다.

"우리는 이 일에 증인이요 하나님이 자기에게 순종하는 사람들에게 주신 성령도 그러하니라 하더라"(행5:32).

성령은 그리스도의 탄생으로부터 시작하여 그의 삶과 그의 죽으심과 부활하심을 그리스도와 함께 친히 체험하시고 목격하신 가장 확실한 그리스도의 증인이시다.

우리는 그리스도의 증인이 아니지만, 그리스도의 증인이신 성령께서 우리 안에 들어와 우리와 하나로 연합될 때, 그리스도의 증인이신 성령으로 말미암아 우리가 그리스도의 증인이 되는 것이다.

이는 그리스도에 대한 성령님의 모든 체험과 목격이 성령으로 말미암아 우리의 체험과 목격이 되기 때문에, 우리가 성령으로 말미암아 그리스도의 증인이 되는 것이다.

성령은 우리로 예수 그리스도를 믿게 하실 뿐만 아니라, 그리스도를 증거하는 그리스도의 증인이 되게 하신다(요15:26). 그리스도의 증인은 성령으로 말미암아 예수님을 그리스도라 증거하는 자이다. 내가 예수님을 그리스도라 증거하는 것이 아니라, 내 안에 거하시는 성령께서 나를 통하여 예수님을 그리스도라 증거하는 것이다(마10:20, 행18:5).

그러므로 예수께서 그리스도이심을 믿고, 믿는 그대로 증거하는 자는 그리스도의 증인이신 성령께서 그 안에 계시는 확실한 증거가 된다.

당신은 예수님을 그리스도로 믿고, 믿는 그대로 예수님을 주와 그리스도라 증거하는 그리스도의 증인인가?

그렇다면, 당신은 성령께서 그 안에 거하시는 성령으로 인치심을 받은 자이다. 확실히 믿기 바란다.

3) 성령으로 인치심은 언제까지 지속되는가?

성령으로 인치심은 일시적인 것이 아니다. 성령은 우리 안에서 잠시 머물다가 떠나는 것이 절대로 아니다.

우리가 성령으로 도장 찍음을 받은 것은 우리 몸이 영화 구원을 받는 구속의 날까지 지속된다.

"하나님의 성령을 근심하게 하지 말라 그 안에서 너희가 구속의 날까지 인치심을 받았느니라"(엡4:30).

구속의 날은 그리스도께서 재림하시는 날이요, 우리 몸이 신령한 몸으로 변화되는 영화 구원의 날이다.

그날까지 성령은 우리 안에서 우리를 떠나지 아니하시고 우리와 함께하신다. 비록 우리가 하나님의 뜻대로 바르게 살지 못할 때에도 성령은 우리 안에서 근심하며 탄식할지 언정 절대로 우리를 떠나지 아니하신다.

요한복음 14장에서 예수님은 우리에게 보내주신 성령은 우리 안에서 우리와 영원토록 함께 하신다고 말씀하셨다.

"내가 아버지께 구하겠으니 그가 또 다른 보혜사를 너희에게 주사 영원토록 너희와 함께 있게 하리니……그는 너희와 함께 거하심이요 또 너희 속에 계시겠음이라"(요14:16-17).

하나님께서 우리에게 보내주신 성령님은 우리를 떠나지 아니하시고 영원토록 우리와 함께 거하신다. 그러므로 우리의 구원은 영원히 변함이 없다.

"이스라엘이여 너는 행복한 사람이로다. 여호와의 구원을 너같이 얻은 백성이 누구냐"(신33:29).

하나님의 은혜로 구원받은 사람은 진정 행복한 사람이로다.

하나님의 구원을 너같이 얻은 사람이 누구뇨?

- 부 록 -

1. 성도의 영원한 구원에 대한 반론

1) 구원에 대하여 서로 상반된다는 말씀에 대하여

구원에 대하여 서로 상반된다고 주장하는 말씀에 대해서는 하나하나 다 살펴볼 수는 없고, 이곳에서는 원리적인 면에서만 간략하게 설명하고자 한다.

먼저, 하나님의 말씀은 결코 서로 상충되지 않는다는 것을 말해두고자 한다. 어떤 경우에 일부 서로 상충되는 것같이 보이는 말씀은 구원의 또 다른 면을 말하고 있거나, 다른 상황을 설명하고 있는 것이 대부분이다.

하나님께서 영생을 얻은 자는 영원히 멸망하지 않는다고 말씀하셨는데, 다른 곳에서 영생을 얻은 자도 멸망할 수 있다고 말씀하시지 않는다는 말이다.

만약 하나님께서 서로 상충되는 말씀을 하셨다면, 그 둘 중의 어느 것을 믿어야 한다는 말인가?

그 둘 중의 어느 한쪽의 말씀은 반드시 효력을 잃고 폐하여져야만 한다. 그러나 그러한 경우는 절대로 없다.

만일 하나님께서 서로 상충되는 말씀을 하셨다면, 이전에 하셨던 말씀을 스스로 부인하고 부정하는 것이 된다.

이는 하나님께서 새롭게 하신 말씀을 통하여 이전에 하신 말씀을 스스로 부인하고 뒤집어엎는 것이다.

어찌 그러한 일이 있을 수 있겠는가? 만약 그렇다면 이전에 하신 말씀을 어떻게 믿을 수 있겠는가?

하나님의 말씀은 서로 상충되는 것같이 보일지라도 서로 상충되는 것이 아니라 다른 면을 말하고 있는 것이다.

하나님의 은혜로 자세히 상고해 보면 그 내용을 분명히 알 수 있다.

2) 성도의 영원한 구원을 반대하는 대표적인 사례

성도의 영원한 구원을 반대하는 사람들은 사람이 한 번에 영원히 구원을 받는다면, 구원받은 이후에는 사람들이 주의 일에 전혀 힘쓰지 않게 될 것이며, 제멋대로 방탕하게 행하여 죄를 짓게 될 것이라고 말한다. 정말 그러한가?

만약, 정말 그렇다면 이것은 큰 문제이고 위험한 일이 아닐 수 없다. 그러나 전혀 그렇지 않다.

자신이 이미 구원받았다고 해서 구원받은 이후에 제멋대로 막 사는 사람은 하나도 없다.

이렇게 말하는 사람은 두 가지 면에서 문제가 있다.

하나는 자신이 아직 구원받지 못한 자이거나, 또 하나는 구원에 대하여 바르게 이해하지 못한 것이다.

만약, 자신이 구원받은 것을 빙자하여 구원받은 이후에 방탕하게 막 사는 사람이 있다면, 그 사람은 반드시 자신의 구원받은 것을 확인해 봐야 한다.

구원받은 사람은 절대로 그렇게 살지 않는다. 아니 그렇게 살 수가 없다. 하나님의 구원을 모르는 사람은 영원한 구원이 성도들의 삶을 방탕하게 하고, 하나님의 뜻대로 살지 않고 죄를 짓게 될 것이라고 말한다.

이렇게 말하는 사람은 구원의 내용이나, 구원받은 사람에게 나타나는 구원의 결과에 대해서 알지 못하는 자이다.

또한, 성령으로 말미암아 이미 새롭게 변화된 그리스도인의 현재 상태를 알지 못하고 하는 말이다.

구원받은 사람은 이전의 죄의 옛사람이 아니다. 그리스도 안에서 하나님을 따라 의와 진리의 거룩함으로 지으심을 받은 새사람이다.

구원받은 사람은 성령으로 거듭난 하나님의 자녀들이요, 하나님의 생명이 그 안에 있는 영생을 얻은 자이다.

또한, 성령께서 그 안에 거하시는 하나님의 성전이요 그리스도 예수의 사람들이다.

구원받은 사람은 이미 그리스도 안에서 그리스도와 함께 죄에 대하여는 죽은 자요, 하나님께 대하여는 산 자이다.

죄에 대하여 죽은 자가 죄를 지을 수 있겠는가?

죄의 종에서 해방되어 이미 의의 종이 되었고, 하나님께 종이 된 자가 죄 가운데서 더 살 수 있겠는가? 그럴 수 없다. 그리스도 예수 안에서 선한 일을 위하여 새로 지으심을 받은 자가 어찌 죄를 지을 수 있겠는가? 이 또한 그럴 수 없는 일이다. 그리스도 예수 안에 있는 생명의 성령의 법이 우리를 죄와 사망의 법에서 해방하였는데, 어찌 우리가 죄에 매여 죄를 짓겠는가?

죄의 옛사람이 그리스도와 함께 십자가에 못 박혀 죽고, 그리스도 안에서 새사람으로 새로 지으심을 받았는데 어찌 죄를 지을 수 있으리요. 그럴 수 없느니라.

하나님께로부터 난 자마다 악한 자가 손도 대지 못하도록 하나님의 아들이 우리를 지키시는데, 어찌 우리가 죄를 지을 수 있겠는가? 결코 그럴 수 없다.

성령으로 말미암아 하나님의 사랑이 우리 마음에 부은 바되어 하나님의 사랑이 우리를 강권하시는데, 우리가 어찌 죄를 짓겠는가? 이 역시 그럴 수 없는 일이다.

  구원받은 성도라고 해서 죄를 전혀 짓지 않는다는 말이 아니다. 구원받은 사람이라고 해도 육신에게 져서 육신의 소욕을 따라 행하므로 죄를 지을 때가 많이 있다.
아니, 오히려 원치 아니하는 악을 행하고 선을 행치 못할 때가 더 많다. 그러나 그리스도인은 이제 더 이상 죄 가운데 거하며, 죄의 종노릇 하지 않는다.
우리가 단번에 영원히 구원받았다고 해서 그것이 우리를 더욱 방탕하게 하거나 죄를 짓게 하지는 않는다는 말이다.
성경 어디에 하나님께서 그렇게 말씀하신 곳이 있는가?
이렇게 말하는 자는 성경을 왜곡하는 것이다.
만일 구원받은 성도들이 그렇게 살아간다면 하나님께서 그냥 내버려 두시겠는가? 우리 안에서 선한 소원을 두고 하나님의 뜻을 행하게 하시는 이는 바로 하나님이시다.
내 안에서 능력으로 역사하심으로 우리로 더욱 주의 일에 힘쓰게 하시는 이가 하나님이시다.

  구원받은 자가 아니라면, 이 땅에서 하나님의 영광을 위하여 살 자가 누구겠는가?
구원받았다는 확신도 없이 주를 위하여 죽을 수 있겠는가?

육체의 남은 때를 자기를 위하여 살지 않고, 사나 죽으나 주를 위하여 살 수 있는 자가 누구겠는가?

구원의 확신이 없는 자는 절대로 하나님의 영광을 위하여 살아갈 수가 없다.

구원받은 자만이 그 안에 있는 하나님의 사랑과 성령으로 말미암아 하나님의 뜻대로 살 수 있는 것이다.

우리가 이러한 일을 능히 할 수 있는 것은 구원받기 위한 것이 아니라, 이미 구원을 받았기 때문이다.

구원받은 자가 아니라면, 누가 그리스도를 위하여 살며, 하나님의 영광을 위하여 살 수 있겠는가?

어찌 우리가 주를 위하여 때마다 위험을 무릅쓰겠는가?

이에 대하여 무슨 말을 더 하리요.

그러므로 사람이 한 번에 영원히 구원받았다고 해서, 그것이 죄를 더 짓게 하거나 주의 일에 힘쓰지 않게 될 것이라는 생각은 거짓되고 잘못된 마귀의 속임수이다.

악한 자의 속임수에 속지 말라. 오히려 그 정반대이다.

구원의 확신이 있는 자는 죄에서 떠나 거룩하고 경건하게 살아가며, 주의 일에 더욱 힘쓰는 자가 된다.

2. 믿음에 대하여

참고로 여기서 사용한 믿음이라는 말은 거의 다 구원의 믿음을 가리킨다. 믿음은 크게 구원의 믿음과 생활의 믿음으로 나눌 수 있다. 생활의 믿음에 대해서는 별도로 자세히 다룰 예정이므로 여기서는 일체 언급하지 않았다.
이제 믿음이 무엇인지 알아보자.

1) 믿음이란 무엇인가?

왜 우리가 믿음으로만 구원을 받을 수 있는가?
이 사실을 알기 위해서는 믿음이 무엇인지, 믿음의 본질과 믿음의 기능에 대하여 알아야 한다.
그래야 왜 믿음으로만 구원을 받게 되는지 알게 될 것이다.
성경에 믿음이라는 말이 약 560번 정도 나온다.
그중에 믿음이 무엇인지 성경에서 정의를 내린 곳은 단 두 곳밖에는 없다. 하나는 요한복음 1장 12절 말씀이다.
"영접하는 자 곧 그 이름을 믿는 자들에게는 하나님의 자녀가 되는 권세를 주셨으니"
이는 믿음의 본질에 대한 정의이다.
믿음은 곧 영접하는 것이다. 믿음이란 어떤 사실을 사실 그대로 여기고 인정하여 마음에 받아들이는 것이다. 마음으로 받아들이지 않는 것은 믿지 않는 것이다.

구원의 믿음이란, 예수님께서 우리를 구원하신 그 사실을 통하여 예수님을 나의 구주 곧 그리스도로 믿고 마음에 영접하여 받아들이는 것이다. 예수님을 나의 구주로 영접하여 받아들이는 것이 바로 믿음이다.

그러므로 예수님을 그리스도로 마음에 영접하지 아니한 자는 예수님을 그리스도로 믿지 아니하는 자요, 아직 구원받지 못한 자이다. 따라서 예수님을 나의 구주로 영접하지 아니한 자는 그 안에 그리스도께서 계시지 아니하는 자이다. 그리스도께서 그 안에 계시지 아니하는 자는 버림받은 자요, 아직 하나님의 자녀가 아니며 그 안에 영생이 없는 자이다(고후13:5, 요일5:12).

또 하나는 히브리서 11장 1절 말씀이다.

"믿음은 바라는 것들의 실상이요 보이지 않는 것들의 증거니". 이는 믿음의 기능적인 면에서의 정의이다.

믿음은 믿는 그대로, 하나님의 말씀에 의하여 바라는 그대로 실재의 현상으로 나타나고 이루어지게 하는 기능이 있다. 그러므로 믿음은 바라는 것들의 실상이다.

믿음의 조상들은 하나님의 말씀을 믿는 그대로 다 실상으로 이루어짐을 받았다.

"네 믿음대로 되리라" 하신 주님의 말씀대로, 말씀하신 그 대로 믿을 때에 그 믿음대로 다 실상으로 이루어진 것이다. 동정녀 마리아도 천사가 전해주는 말을 듣고 "말씀대로 내 게 이루어지이다"라고 믿음으로 그 사실을 그대로 받아들일 때, 말씀하신 그대로 즉시 마리아에게 실상으로 이루어 졌다. 곧 마리아가 하나님의 말씀을 그대로 믿고 받아들일 때, 그 말씀대로 성령으로 잉태된 것이다(눅1:38, 마1:18).

우리가 예수님을 그리스도로 믿는 구원에 대한 믿음도 마찬가지이다.

예수님은 우리를 우리의 죄와 죄의 형벌인 사망에서 구원 하시기 위하여 우리의 죄를 대신 담당하시고, 우리의 죄 값 을 받아 우리 대신 십자가에 못 박혀 죽으셨다.

이로 인하여 우리의 모든 죄를 속죄하심으로, 죄 사함을 받 아 사망에서 부활하심으로 우리를 죄와 사망에서 온전히 구원하셨다.

예수님께서 우리를 구원하시는 구속의 일은 이미 2000년 전에 다 이루어지고 완성되었다. 그러나 내가 실제로 구원 받은 것은 2,000년 전인 그때가 아니다.

그리스도께서 우리를 위하여 이루어 놓으신 구원의 사실은

모두 객관적인 것이다. 객관적인 구원의 사실은 모두 우리
밖에 있고 그리스도 안에 있다.

그리스도께서 이루어 놓으신 객관적인 구속의 사실만으로
는 우리가 아직 구원받지 못한 상태이다.

그리스도께서 이루신 이 객관적인 구원의 사실이 우리 안
에 들어와 주관적인 구원의 사실이 되어야 우리가 실제로
구원받게 되는 것이다.

이 객관적인 구원의 사실이 우리 안에 들어와 우리에게 그
대로 적용되고 효력이 발생하여 우리가 실제로 구원받기
위해서는 우리에게 반드시 필요한 것이 하나 있다.

그것이 바로 믿음이다. 믿음은 예수 그리스도께서 우리를
위하여 이루어 놓으신 객관적인 구원의 사실을 사실 그대
로 믿고 받아들임으로써, 그 사실이 내 안에 들어와 주관적
인 구원의 사실이 되는 것이다.

믿음은 우리가 믿는 그대로, 받아들인 그대로 내 안에서 그
대로 적용되어 실상으로 이루어지게 하는 기능이 있다.

사실, 우리의 믿음대로 실상으로 이루어 주시는 분은 바로
성령님이시다. 그러므로 우리가 실제로 구원받는 때는, 바
로 구원의 복음을 통하여 예수님께서 그리스도이심을 믿고
마음에 영접하는 그때이다.

우리가 예수님을 그리스도로 믿고 마음에 받아들일 때, 그

리스도께서 우리를 위하여 이루어 놓으신 구원의 사실이 우리에게 그대로 적용되어 실상으로 이루어짐으로, 우리가 믿음으로 말미암아 구원을 받게 되는 것이다.

그러므로 믿음이 없이는 아무도 구원받지 못한다.

우리가 구원받은 것은 하나님의 은혜로 인하여 믿음으로 말미암아 구원을 받은 것이다. 확실히 믿기 바란다.

2) 구원으로의 부르심

당신은 구원받기를 원하십니까?

영원한 생명을 얻어 영생 복락을 누리시기 원하십니까?

하나님의 자녀로 거듭나서 천국에 들어가기를 원하십니까?

그렇다면 이제까지 들은 구원의 복음을 통하여 결단하십시요.

사람은 죄와 사망에서 구원받고, 하나님의 자녀로 거듭남으로 천국에 들어가 영생 복락을 누리며 살게 된다.

이 모든 것은 예수님을 그리스도로 믿음으로 말미암아 단번에 얻을 수 있는 영원한 구원의 복이다. 다른 길은 없다.

이 세상의 모든 사람들은 죽음으로써 그 가는 곳이 두 갈래로 영원히 갈라진다.

모든 사람이 죽은 후에 가는 곳은 이 두 곳밖에는 없다.

하나는 하나님께서 계시는 천국이고, 또 하나는 마귀와 그의 사자들이 들어가는 지옥이다.

이것은 이미 그렇게 정해져 있는 사실이다.

사람이 실제로 존재하는 사실을 보지 못했다고 해서 그 사실을 부인하는 것은 참으로 어리석은 일이다.

이 세상에도 우리 눈에 보이지 않지만 실제로 존재하는 것들이 많이 있다. 내가 보지 못했다고 해서 실제로 존재하고 있는 것을 부인한들 무슨 소용이 있겠는가?

당신이 부인한다고 해서 있는 것이 없어지는 것이 아니다.

당신이 부인하는 것과는 전혀 상관없이 실제로 있는 것은 있는 것이다.

천국과 지옥은 실제로 존재하는 장소이다.

다만 당신이 아직까지 그 사실을 믿지 않고 있는 것뿐이다.

하나님의 자녀들은 죽음으로써 육신의 옷을 벗고 신령한 몸으로 변화되어 영원한 천국으로 들어간다.

영생을 얻은 하나님의 자녀들에게는 죽음은 더 이상 두려움의 대상이 아니다. 죽음은 이 땅에서의 육신의 삶을 끝내고, 하나님께서 계시는 영원한 천국으로 들어가는 것이다.

그러나 구원받지 못한 사람들에게는 죽음보다 더 두려운

것은 아마도 없을 것이다. 사실, 죽음이 두려운 이유는 죽음 자체가 두려운 것이 아니라, 죽음 이후에 당하게 될 영원한 멸망의 형벌이 기다리고 있기 때문이다(살후1:9).

그러나 영원한 불 못의 형벌은 예수 그리스도를 믿음으로 죄 사함을 받은 하나님의 자녀들과는 전혀 상관이 없다.

죄 사함을 받은 자들은 이미 예수 그리스도를 통하여 죄의 형벌을 다 받음으로써 속죄하여 죄가 없어졌기 때문에, 그 죄로 인하여 다시 죄의 형벌을 받지 아니한다.

그러나 예수 그리스도를 믿지 아니하므로 죄 사함을 받지 못한 사람들은, 죽은 후에 자기의 죄 값을 자신이 직접 지옥에 가서 받는다. 지옥은 불 못이다.

불 못의 고통을 한번 상상해 보았는가? 불 못의 고통은 차마 말로 표현할 수 없는 두렵고 무서운 고통이다.

그 고통은 사람마다 불로써 소금 치듯 함을 당하는 견딜 수 없는 초극심한 고통이다(막9:49). 그 고통이 하루 이틀로 끝나는 것이 아니다. 그 고통을 마귀와 그의 사자들과 함께 세세토록 받는 곳이 바로 지옥의 불 못이다.

그곳에서 벗어날 수 있는 길은 전혀 없다. 한번 그곳에 던져지면 그것으로 끝이다.

영원히 고통 고통 멸망의 형벌을 받을 뿐이다.

지옥은 더 이상 죽을 수도 없는 곳이다. 지옥은 이미 죽음이 떠나가 버린 고통만이 있는 형벌의 장소이다.

이제 어떻게 해야 하는가? 이런 곳에 갈 것인가? 말 것인가? 선택은 당신에게 달려있다.

사람은 죽음 이후에 구원받을 수 있는 두 번째 기회란 없다. 예수 그리스도를 믿음으로 죄 사함 받아 구원받을 수 있는 기회는 이 세상에서 살아있는 동안 단 한 번뿐이다.

사람은 언제 죽을는지 아무도 모른다.

사람은 죽는 것으로 모든 것이 끝나는 것이 절대로 아니다.

사람의 한번 죽는 것은 정하신 것이요 그 후에는 심판이 있다. 그러므로 지금이 바로 은혜받을 만한 때요, 지금이 바로 구원의 날이다. 다음은 기약할 수 없다.

다음으로 미루는 것은 다 마귀의 속임수이다.

마귀의 속임수에 넘어가지 말라.

다음이 아니라 바로 지금이다.

지금 즉시 예수님을 당신의 구주로 영접하라.

이제 당신이 구원받을 차례이다.

더 이상 다음으로 미루지 말고 지금 즉시 예수님을 나의 구주로 영접하라. 그리하면 하나님의 구원의 은혜가 지금 당신에게 임하게 될 것이다.

이렇게 믿고 시인하라.

"하나님 나는 죄인입니다.

예수님께서 나를 나의 죄와 죄의 형벌인 사망에서 구원하시기 위하여, 나의 죄를 대신 담당하시고 나의 죄 값을 받아 내 대신 십자가에 죽으셨음을 내가 믿나이다.

그리고 나의 죄 값을 내 대신 다 받고 끝마침으로써, 마침내 나의 죄를 대신 속죄하여 나의 죄를 속하심으로 죄 사함을 받아 사망에서 부활하셨음을 내가 믿나이다.

이로써 예수님은 나를 나의 죄와 죄의 형벌인 사망에서 구원하신 나의 구주가 되셨나이다.

이제 나를 구원하신 하나님의 아들 예수님을 나의 구주로, 예수님을 그리스도로 내가 믿나이다."

이제 내가 하나님의 은혜로 인하여 예수님을 나의 구주 곧 그리스도로 믿고 마음에 영접하였사오니, 주의 말씀대로 내게 이루사 나를 구원하시며 하나님의 자녀가 되게 하심을 감사드립니다.

할렐루야! 이제 나는 하나님의 은혜로 구원받았습니다.

"사람이 마음으로 믿어 의에 이르고 입으로 시인하여 구원에 이르느니라" (롬10:10)

"너희는 그 은혜에 의하여 믿음으로 말미암아 구원을 받았으니" (엡2:8).

"영접하는 자 곧 그 이름을 믿는 자들에게는 하나님의 자녀가 되는 권세를 주셨으니, 이는…오직 하나님께로부터 난 자들이니라" (요1:12-13).

"예수께서 그리스도이심을 믿는 자마다 하나님께로부터 난 자니" (요일5:1).

당신이 하나님의 말씀 하신 그대로 믿고 시인하였다면, 이제 당신은 예수님을 그리스도로 믿음으로 말미암아 구원받은 하나님의 자녀가 되었다.

우리가 예수 그리스도를 믿을 때, 성령으로 말미암아 하나님의 자녀로 거듭나는 것은 속사람인 영이다.

"육으로 난 것은 육이요 성령으로 난 것은 영이니"(요3:6)

당신이 성령으로 거듭나는 순간은 전혀 알 수 없을 것이다. 바람이 임의로 불매 어디에서 와서 어디로 가는지 알지 못하는 것같이 성령으로 거듭난 사람도 이와 같다고 하였다 (요3:8).

당신이 거듭난 사실을 느끼든지 느끼지 못하든지 전혀 상관없이, 예수께서 그리스도이심을 믿는 자마다 이미 하나님께로부터 난 자라고 하였으면 그런 것이다.

하나님의 말씀 하신 사실에 근거해서 하나님의 자녀로 거듭났음을 믿고 확신하라.

그것이 바로 하나님의 말씀 그대로 믿는 믿음이다.

할렐루야! 이제 당신은 구원받은 하나님의 자녀가 되었다. 하나님께 감사하며, 하나님의 은혜의 영광을 영원히 찬송하기 바란다. 하나님께 영광과 찬송을!……

"보좌에 앉으신 이와 어린 양에게 찬송과 존귀와 영광과 권능을 세세토록 돌릴지어다"(계5:13).
아멘! 아멘! 아멘! ……

구원의 확신
나는 행복한 사람이로다

초판 1쇄 발행일 2024년 11월 21일

■지은이   김성은
■펴낸이   방주석
■펴낸곳   베드로서원

■주 소   경기도 고양시 일산동구 고봉로 776-92
■전 화   031)976-8970
■팩 스   031)976-8971
■이메일   peterhouse@daum.net
■등 록   (제59호)2010년 1월 18일 / 창립일 : 1988년 6월 3일

ISBN   979-11-91921-26-7 03230
책값은 뒷 표지에 있습니다.

베드로서원은 말씀과 성령 안에서 기도로 시작하며
영혼과 삶이 풍요로워지는 책을 만드는 데 힘쓰고 있으며,
문서선교 사역의 현장에서 최선을 다하겠습니다.